Yannick Abate Akoa

Rencontre avec le Bonheur à Doumé

Yannick Abate Akoa

Rencontre avec le Bonheur à Doumé
A la découverte de la vie eternelle

Éditions Croix du Salut

Impressum / Mentions légales
Bibliografische Information der Deutschen Nationalbibliothek: Die Deutsche Nationalbibliothek verzeichnet diese Publikation in der Deutschen Nationalbibliografie; detaillierte bibliografische Daten sind im Internet über http://dnb.d-nb.de abrufbar.
Alle in diesem Buch genannten Marken und Produktnamen unterliegen warenzeichen-, marken- oder patentrechtlichem Schutz bzw. sind Warenzeichen oder eingetragene Warenzeichen der jeweiligen Inhaber. Die Wiedergabe von Marken, Produktnamen, Gebrauchsnamen, Handelsnamen, Warenbezeichnungen u.s.w. in diesem Werk berechtigt auch ohne besondere Kennzeichnung nicht zu der Annahme, dass solche Namen im Sinne der Warenzeichen- und Markenschutzgesetzgebung als frei zu betrachten wären und daher von jedermann benutzt werden dürften.

Information bibliographique publiée par la Deutsche Nationalbibliothek: La Deutsche Nationalbibliothek inscrit cette publication à la Deutsche Nationalbibliografie; des données bibliographiques détaillées sont disponibles sur internet à l'adresse http://dnb.d-nb.de.
Toutes marques et noms de produits mentionnés dans ce livre demeurent sous la protection des marques, des marques déposées et des brevets, et sont des marques ou des marques déposées de leurs détenteurs respectifs. L'utilisation des marques, noms de produits, noms communs, noms commerciaux, descriptions de produits, etc, même sans qu'ils soient mentionnés de façon particulière dans ce livre ne signifie en aucune façon que ces noms peuvent être utilisés sans restriction à l'égard de la législation pour la protection des marques et des marques déposées et pourraient donc être utilisés par quiconque.

Coverbild / Photo de couverture: www.ingimage.com

Verlag / Editeur:
Éditions Croix du Salut
ist ein Imprint der / est une marque déposée de
OmniScriptum GmbH & Co. KG
Heinrich-Böcking-Str. 6-8, 66121 Saarbrücken, Deutschland / Allemagne
Email: info@editions-croix.com

Herstellung: siehe letzte Seite /
Impression: voir la dernière page
ISBN: 978-3-8416-9953-4

Copyright / Droit d'auteur © 2015 OmniScriptum GmbH & Co. KG
Alle Rechte vorbehalten. / Tous droits réservés. Saarbrücken 2015

2015

Rencontre avec le bonheur à Doumé

ABATE Akoa Yannick

Rencontre avec le bonheur à Doumé

ABATE Akoa Yannick

2015

Tous droits de reproduction totale ou partielle, et de traduction réservés.

Rencontre avec le bonheur à Doumé

Le tarmac de l'aéroport international de Yaoundé-Nsimalen, plongé dans un calme de mort qui devenait presque sonore, paraissait cuire telle une omelette sous les assauts répétés et accablants de la canicule d'un mois de décembre atypique. Par un ciel couleur azur, moutonné de nuages d'une blancheur laiteuse ; le murmure du vent chaud de fin d'année caressait la verdure dominante autour de la piste d'atterrissage jaunie par la sècheresse, quand les corbeaux autochtones de l'enceinte s'étaient associés au bruissement de l'herbe, ajoutant à l'orchestre des croassements désordonnés par intermittence irrégulière, comme augurant un funeste évènement. Une circonstance malheureuse dont Nadine avait fait les frais, bouleversée au point où elle n'était plus que l'ombre d'elle-même. La jeune fille brune de vingt ans, aux cheveux de mille couleurs et aux ongles artificiels kilométriques, regarda sa montre lorsque l'aéronef de la police suisse stationna sur le parking de la plateforme aéroportuaire, coupant par la suite ses moteurs. Il était treize heures.

Ce voyage de deux jours, véritable circuit touristique parsemé d'escales et reliant différents pays d'Afrique subsaharien, avait commencé au Congo, s'est poursuivi au Nigeria avant de se terminer au Cameroun ; avec en guise de compensation pour chaque voyageur la modique somme de cent cinquante euros. Une foule de spectateurs, aux regards compatissants et attristés, composés des agents des aéroports du Cameroun et des forces de l'ordre devant les escorter au commissariat de police pour l'achèvement de la procédure de leur expulsion, s'était agglutinée devant la passerelle du Falcon, maugréant en sourdine quant à l'oppression dont faisait l'objet leurs frères noirs du côté de l'Hexagone. Pourtant, malgré ce vent de solidarité, personne ne pouvait panser son cœur malade, car elle seule connaissait son chagrin, l'origine de son mal.

Tout débuta il y a deux ans en décembre 2011, lorsqu'Abeng Nadine s'envola pour Zurich à bord du vol commercial Swiss Air. A son arrivée à l'aéroport International européen, de même qu'une nouvelle vision du monde faite de modernisme, de luxe, de liberté et d'opportunité s'offrait à elle ; une nouvelle vie différente de celle d'antan, faite de déception, d'erreur et de déviance était sur le point de commencer. En effet, contrairement à la réalité trompeuse que semblait refléter son apparence attrayante, la beauté sophistiquée de l'adolescente ne faisait que cacher une noirceur ténébreuse et honteuse de l'âme.

Abeng était née dans une famille camerounaise normale, avec un père militaire qui travaillait tous les jours de la semaine, et dont les rarissimes moments de liberté se mettaient à profit devant la télévision, dans les sorties entre amis, et les longues disputes avec son épouse touchant à l'éducation approximative donnée à ses enfants. Sa mère, quant à elle, était une ménagère très attachée à sa religion, dont les programmes de prière, les cultes et les réunions associatives avaient pris l'ascendant sur sa famille ; de telle sorte que lors de ces impératifs, la pauvre fillette et son frère aîné de trois ans étaient livrés à eux-mêmes, s'adonnant à cœur joie à l'enseignement du petit écran. C'est dans cet environnement sans suivi parental que la jeune fille grandit, se nourrissant des conseils corrompus et immatures de ses camarades de classe plus émancipés qu'elle, s'abreuvant et buvant jusqu'à la lie la perversion empreinte de débauche et d'impudicité des séries télévisées et films hollywoodiens sans aucunes censures. Par conséquent, avec le temps et l'apparition de ses premiers attributs naturels féminins ; sa vie commença à tourner au drame.

À treize ans, un samedi soir, alors que comme à l'accoutumé ses parents étaient sortis - l'un pour le bar, l'autre pour l'église - et son frère qui vagabondait çà et là ; la jeune fille expérimenta un moment inoubliable qui marqua à jamais sa vie et lui donna même un profond dégoût pour son être. Roland, un voisin du quartier et en même temps son répétiteur, à qui elle se confiait du fait de sa gentillesse et de son attention vis-à-vis d'elle, manifestées par les friandises qu'il lui gardait de temps à autre et le temps d'écoute qu'il lui donnait ; profitant du fait qu'ils étaient seuls, lui fit des attouchements avant d'abuser d'elle. Le confident, en qui elle a mis toute sa confiance, la menaça par la suite de garder le silence sur toutes ces choses, faute de quoi ses parents la prendraient pour une mauvaise fille.

Une fois sa sale besogne accomplie, le criminel de dix-neuf ans prit soin de nettoyer à la hâte le sang innocent qui dégoulinait de la table-banc positionnée à un angle du salon. Il revêtit ensuite minutieusement sa victime à moitié dénudée au bord de l'évanouissement, avant de la couvrir de promesses tendres et flatteuses ; puis s'en alla comme si de rien n'était.

Honteuse, choquée et apeurée, la fillette resta muette. Elle se rendit compte que personne n'entendait les cris de douleur de son cœur déchiré en quête d'attention, se renferma sur elle-même ; donnant libre cours aux pensées sensuelles et aux désirs naissants de son corps. Ne trouvant un semblant d'affection qu'en Roland, la jeune fille candide devint conséquemment son esclave sexuel. Le prédateur, ayant resserré ses serres sur sa proie vulnérable et désorientée, la déshonorait en satisfaisant sa libido à chaque fois qu'il en avait l'occasion, lui susurrant simultanément des paroles agréables à un rythme si récurrent qu'Abeng commença à les prendre pour la vérité. Bientôt, la jeune fille trouva normal d'en parler ouvertement avec ses amies de son établissement scolaire, qui la contemplaient avec admiration et la conseillaient même de nouvelles expériences intimes avec son « petit ami». Cette triste relation dura deux années, jusqu'à ce que Roland obtienne son baccalauréat et qu'il disparaisse du jour au lendemain sans crier garde.

A seize ans, comme si son expérience ne suffisait pas, l'adolescente subit un nouveau choc émotionnel, un évènement tragique qui ne fit pas que l'affecter mais détermina également l'orientation qu'elle donnerait à sa vie. Dans une période de temps relativement courte courant sur six mois, elle perdit successivement son père et sa mère à la suite d'une maladie. Ce n'est que quelques années plus tard qu'elle sut avec exactitude de quoi étaient décédés ses parents. En effet, sur le coup, personne de son entourage n'en parla ouvertement, se contentant de lancer des regards pleins de pitié envers les orphelins. Très vite, ces derniers furent renvoyés de la capitale politique camerounaise, pour leur village au sud du Cameroun, dans l'arrondissement de Zoétélé ; où les attendait la vie campagnarde.

Les malheureux furent accueillis par leur tante paternelle, l'unique parente qui avait bien voulu leur offrir asile. Leur demeure est désormais une maison faite de chaume et de terre battue, vétuste et défraîchie par le temps et les intempéries ; nichée dans un village peuplé d'une personne au kilomètre. Ils expérimentaient une vie de reclus, ayant pour seule compagnie la pauvreté, qui, loin d'être abstraite, avait pris forme, demeurant réellement et constamment au milieu d'eux. Les enfants avaient vite fait d'oublier à contrecœur le chemin de l'école, pour l'aîné en classe de terminale et sa cadette en seconde. Leur existence se limitait alors aux travaux champêtres et aux petites histoires n'intéressant personnes, racontées par leur tutrice autour du feu ; jusqu'au jour où le développement traversa leur paisible village.

En deux mille dix, et le neuvième mois de l'année, les travaux de bitumage de la route Ngolbang-Zoétéle débutèrent avec le flux d'immigrants venant de la grande ville. Cette affluence provoqua spontanément un déclic dans la tête de Nadine, qui savait l'opportunité que cela présentait afin de sortir de la misère dans laquelle elle végétait. Et, ayant jalousement gardé l'héritage de Roland, puis acquis en expérience dans des relations aussi courtes et dramatiques les unes que les autres ; la jolie brune savait que sa beauté et ses charmes naturels constituaient un atout inestimable, pouvant être valorisés dans cette zone reculée où elle était incontestablement la plus affriolante fille à la ronde.

Dès lors, elle se mit à vendre de la nourriture déjà préparée au camp où séjournaient les entrepreneurs et les cadres de la société de travaux publics livrant le dit marché. Abeng n'avait aucun frein, allant avec le premier venu sans faire acception de personnes, si bien qu'elle fut à la longue considérée comme une marchandise d'usage vil. En journée, elle s'armait de moral et d'insensibilité face aux regards dédaigneux et réprobateurs des travailleurs autochtones, cumulés aux gestes osés, aux paroles impudiques et méprisantes des cadres pour la plupart, des étrangers la prenant pour leur jouet. La nuit tombée, les quelques billets qu'elle avait réussis à tirer de son triste et salissant commerce étaient mêlés aux larmes du cœur contrit d'une innocente enfant de treize ans, qui n'avait jamais aimé et été aimé.

L'adolescente n'avait jamais souhaité faire ce qu'elle faisait, mais était prête à tout pour quitter la situation précaire et désolante dans laquelle elle se trouvait. Au bout de trois mois, elle eut suffisamment d'argent pour aller à l'aventure. Aussi, sans plus perdre de temps, à l'entrée de la nouvelle année, elle fit sa valise et voyagea pour Douala, la capitale économique, attendue à destination par l'une de ses amies du lycée, avec laquelle elle avait gardé le contact, du nom de Samira Aïssatou.

Douala était le principal centre d'affaires et la plus grande agglomération de l'Etat, bâtie sur une mosaïque de différentes ethnies qui composaient le Cameroun. Le chef-lieu de la région du littoral et du département du Wouri était telle une vierge au développement embryonnaire, assise en bordure de l'océan au fond du golfe de guinée, les deux pieds posés sur chacune des rives délimitant le fleuve Wouri. Véritable joyau du territoire national, voire de la sous-région, du fait de son port autonome qui desservait plusieurs pays d'Afrique centrale ; la cité qui ne dort jamais était parsemée de nombreuses demeures et bâtisses construites sous l'occupation allemande dans les quartiers coloniaux tels Akwa, Bonandjo, Bali et Deido. Le paysage tendait à se moderniser avec les grands immeubles et appartements avant-gardistes, dont la construction encore récente datait des années 2000. La plupart d'entre eux sont nichés dans les zones résidentielles et commerciales de la région.

Une douce averse tombait sur la cité illuminée d'halos rayonnants éclairant les rues grouillant de monde, au moment où Nadine atteint la gare routière d'Ewalé, dédiée à l'auguste ancêtre des doualas. Samira, ayant pris une heure d'avance pour éviter les embouteillages de dernières minutes, l'attendait au restaurant de l'agence de voyage, sirotant un jus d'ananas accompagné d'une bouteille d'eau minérale, dans le but de s'hydrater dans cette ville à la température moyenne de trente degré toute l'année.

À première vue, Abeng eut de la peine à reconnaitre Aïssatou, car le laps de temps ayant suivi leur séparation soudaine avait suffi pour qu'elle se métamorphose d'une chenille inintéressante à un joli papillon de mille couleurs. L'élève timide et réservée, à la chevelure hirsute et poussiéreuse, au visage boutonneux sans entretien, était à présent une femme de toute beauté et d'une grâce rayonnante. Elle avait couvert son abondante chevelure lisse et naturelle dans un voile de soie dont le pan flottant au gré du vent saturé d'humidité, laissait découvrir des yeux noisette cernés de noir, au-dessus d'un nez allongé hérité de ses origines soudanaises. Aïssatou dévisagea Nadine, essayant de se rappeler de l'adolescente radieuse et raffinée de son passé à des années-lumière de la fleur défraîchie aux pétales ternes trahissant de la tristesse en face d'elle. Une fois à sa hauteur, elle l'embrassa affectivement, lui souhaitant la bienvenue à Douala.

Durant le trajet jusqu'à la maison de son hôte, à bord de sa Mercedes de couleur noire flambant neuve, les deux jouvencelles, aidées par les nombreux bouchons en cours de route, eurent l'opportunité de se commémorer le lycée, et de parler entre autres des deux années qui avaient suivi le départ d'Abeng. Après sa réussite au baccalauréat, Samira s'était subséquemment mariée à son fiancé depuis trois années déjà, un médecin de vingt-huit ans travaillant en Allemagne. Elle continuait présentement ses études en cycle licence dans un institut de renom de la place, en filière marketing, commerce et banques, de manière à être ingénieure et technico-commercial, puis de pouvoir intégrer l'entreprise industrielle de son père, duquel elle était principale héritière.

La sudiste quant à elle se contenta de raconter des bribes de son histoire, en l'enjolivant de part et d'autre, cachant ses détails sombres et obscurs, pour ne pas ajouter à la compassion que lui manifestait déjà son interlocutrice de manière implicite ; jusqu'à ce qu'elle n'ait plus la force de retenir l'immense peine inondant son cœur malade et que la digue s'effondre, libérant des flots de tristesse sous formes de larmes abondantes. Aïssatou stationna sur l'accotement en plein pont du Wouri, et la consola durant une trentaine de minutes, l'exhortant par plusieurs paroles douces et encourageantes à ne pas baisser les bras, mais plutôt à laisser le passé derrière elle, et à croire à un futur meilleur, qu'elle seule avait la possibilité de construire. Celle-ci lui fit la promesse de l'aider à se refaire une santé, la persuadant de reprendre ses études.

Abeng Nadine put ainsi au deuxième trimestre de l'année académique 2012, s'inscrire aux cours du soir dans un établissement scolaire situé au 39, Rue Njoh Njoh dans le quartier de Bonapriso, à quelques pâtés de maison de la villa de son amie, où elle logeait. Petit à petit, le visage enténébré de Nadine, goûtant à nouveau la joie d'être élève et libérée de ses inquiétudes, commença à reprendre des couleurs. La jeune fille était aux petits soins, et le moindre de ses désirs était rapidement concrétisé par Aïssatou. En matinée, lorsque l'étudiante se rendait en faculté, elle profitait de ses moments libres pour aider la ménagère et apprendre ses leçons. Elle allait ensuite en cours, en début de soirée. Tout commençait à s'arranger autant émotionnellement que physiquement dans sa vie, au grand plaisir de Samira. Nadine avait retrouvé enfin le goût de vivre et le sourire qu'elle avait perdu, il y a des années. Mais cette douce illusion prit des ailes et s'envola au loin lorsque le mari d'Aïssatou revint d'Europe pour fêter les congés de Pâques en famille.

Youssouf Vincent est métissé, né d'un père français et d'une mère camerounaise. À première vue, l'on aurait confondu ce médecin spécialisé en chirurgie orthopédique à un ailier-défensif de football américain, tellement sa carrure était imposante. Ses longs cheveux châtains, son visage aux traits réguliers, ses yeux bleus et son corps athlétique, le tout cumulé à ses vêtements et paires de chaussures luxueuses et hors de prix, ne laissèrent guère Abeng indifférente, réveillant les démons de son passé en hibernation. Bientôt, l'adolescente se mit à convoiter dans son cœur le mari de son amie. Elle arriva à le désirer si passionnément que ses pensées noires élaborèrent rapidement des mécanismes de séduction en l'absence de Samira.

Ainsi, la jeune éperdue profita des moments où l'étudiante était à l'université pour paraître devant Vincent, arborant des tenues provocantes et sensuelles afin de captiver son attention. Cependant, la belle brune se rendit compte à la longue que ses sollicitations subtiles, tant par ses paroles suaves que par ses mouvements empreints de volupté et de charme, demeuraient vaines.

Youssouf, au cours de chacune de leur conversation d'ordre intellectuel, n'évoquait que très rarement le domaine privé ; et quand Nadine réussissait à entrouvrir cette porte difficile, leur dialogue s'orientait essentiellement sur Aïssatou. Le jeune homme lui vouait un amour indéfectible à la limite de l'idolâtrie. Abeng avait vite fait de le comprendre, le chagrin dans l'âme. Il n'avait d'yeux que pour elle, communiquant avec sa dulcinée à chaque seconde par téléphone. La jalousie de Nadine s'accroissait de jour en jour, lui dévorant le cœur et la chair ; si bien qu'elle commença à éviter Aïssatou avec finesse, s'arrangeant à se rendre avant le temps prévu aux cours. Cette haine nourrie et entretenue hanta la jeune fille jusqu'au jour où l'une des idées les plus machiavéliques et ténébreuses qu'elle avait eu à élaborer germa et mûrit dans son esprit corrompu et perverti. Abeng se souvint d'un professeur qui lui faisait continuellement des avances, qu'elle avait toujours rejeté du fait non seulement de son âge avancé par rapport à elle, mais encore de l'aversion de savoir qu'il était un homme marié coureur de jupon.

Elle attendit alors le départ de Youssouf et la confirmation de son retour dans deux mois, pour céder à contrecœur à cet homme adultère de quarante-neuf ans. Pendant un mois, elle se contenta de répondre uniquement à des invitations diurnes se limitant à la fréquentation de lieux publics ; mais à moins de deux semaines de l'arrivée de Vincent, elle se retrouva à plusieurs reprises avec lui à des heures indues dans une auberge à proximité de l'édifice scolaire. Lorsqu'elle obtint de lui ce qu'elle voulait, elle coupa toute relation avec le quadragénaire infidèle, pour se consacrer uniquement à l'accomplissement de sa perfidie. De cette manière, un matin du mois de mai, alors qu'Aïssatou était à l'université, ayant pris soin de s'enquérir au préalable de la position de la ménagère dont c'était le jour de repos, elle se présenta comme à l'accoutumé au bureau du médecin pour discuter sur un soi-disant thème à travailler à la maison. Durant les explications de Vincent, elle lui servit un jus d'ananas contenant un somnifère qu'elle s'était procuré de façon illicite auprès d'un vendeur à la sauvette du quartier. Après une quinzaine de minutes, le jeune homme se sentit faiblir et s'excusa auprès de Nadine, regagnant ensuite sa chambre. Nadine ne sourcilla pas une seconde et se mit aussitôt à l'œuvre. Elle se risqua à ce jeu maléfique, quitte à tout compromettre ; car si Youssouf s'en souvenait, elle perdrait tout ; autrement, elle réussirait un coup de maître.

L'adolescente de dix-huit ans, poussée par ses envies diaboliques, s'introduisit dans la chambre de Vincent plongé dans un profond sommeil, le déshabilla, puis se vautra dans ses bras. Sachant qu'elle ne pouvait conquérir son cœur dévolu à une autre, elle se convainquit à gagner son estime par le chantage. Quand Youssouf se réveilla deux heures plus tard en tenue d'Adam, enveloppant Nadine ; il se leva d'un bond et fixa la scène. Il était abasourdi par ce spectacle, se déroulant devant ses yeux impuissants. Même si à ce moment Abeng sût qu'elle avait réussi dans son projet, tenant désormais Youssouf à sa merci, le regard qu'il avait lui glaça l'âme. Pendant un bref instant, elle éprouva un vif remord quant à ce qu'elle avait fait. Elle savait qu'elle venait de détruire une vie et peu importe ce qui suivrait, il ne passerait jamais l'éponge. Elle aurait pu lui dire sur le fait que tout cela n'était qu'une machinerie et s'en excusât, qu'il ne lui aurait pas pardonné. Elle savait qu'elle venait de briser quelque chose en lui ; elle venait de saper, tel un château de cartes, les scrupules du jeune homme vis-à-vis de lui-même.

Nadine se ressaisit rapidement, en bloquant net ce sentiment de culpabilité. Maîtresse de son jeu, elle ne permit pas à sa victime de recouvrer ses esprits et de pouvoir examiner la situation avec plus de recul. Le sachant encore confus, elle se redressa tremblante et recouvra son corps du drap du lit conjugal de Samira, disant d'une voix dépitée et désolée à ce beau jeune homme dont elle convoite qu'ils avaient fait une énorme erreur. Puis, elle éclata en sanglot avant d'avoir fini sa phrase, se repentant de sa faute. En agissant de la sorte, l'adolescente retorse toucha la fibre affective de Youssouf, qui agit tel qu'elle l'avait espéré.

Se croyant être le bourreau, quand il était la victime ; il se transforma en consolateur, demanda pardon à la mineure de dix-huit ans et s'engagea à assumer toutes les conséquences de ses actes. En outre, piégé et craignant pour son travail et sa réputation, il fit promettre à la jeune fille de garder le silence sur cet évènement honteux qu'Aïssatou n'était pas obligée de connaitre, de peur de briser pour l'un un mariage, et pour l'autre une sincère amitié .

Nadine patienta une semaine avant d'annoncer à Vincent sa grossesse. Une nouvelle embarrassante qui eut pour conséquence le départ prématuré du jeune homme pour l'Allemagne ; ceci dans le but d'y voir plus clair et prendre la décision idoine. Aïssatou, compréhensive et sans l'ombre d'un doute en ce qui concernait la fidélité de son mari, se laissa facilement persuader par son voyage d'urgence médicale. Une fois à l'étranger, Abeng ne tarda pas à recevoir de sa proie affolée une proposition en or, à laquelle elle ne s'attendait pas. En effet, Youssouf, évitant d'éveiller les soupçons chez sa femme, lui proposa d'immigrer en Suisse, dans le cadre d'un regroupement familial. Le mulâtre, désireux de séparer les deux femmes dans les plus brefs délais, usa de toutes ses relations outre-Atlantique, et endossa à sa charge la constitution des papiers, les frais de rapatriement et les dépenses médicales. Il envoya à Nadine plus qu'il n'en fallait pour les formalités devant être effectuées au Cameroun. Vincent travailla avec tellement d'acharnement qu'en moins de six mois à compter du commencement de la procédure, cette dernière reçue son visa long séjour. Mais ce que le pauvre Youssouf ignorait était que depuis la proposition faite à la jeune fille opportuniste, il ne lui avait fallu qu'un mois pour se débarrasser du corps étranger qui lui aurait créé à coup sûr d'énormes difficultés une fois la traversée de la mer rouge effectuée, suivie de son entrée dans la terre promise, dans le pays où coulait le lait et le miel. C'est ainsi qu'Abeng s'envola pour l'un des pays les plus prisés d'outre-mer, pleine d'espoir, de gloire et de richesse.

A son arrivée à l'aéroport de Zurich, la plus grande ville de Suisse, qui apparaissait également comme le cœur économique du pays, l'infrastructure attractive ultramoderne et son attirail de magasins et restaurants luxueux comme élégants contenus dans *l'Airside center* ; transporta l'adolescente dans un rêve, tant le décor lui paraissait surréaliste. Elle fut accueillie par une famille allemande, dont le chef était l'une des connaissances de Youssouf.

Le couple sans enfant avait décidé d'héberger Abeng durant sa gestation, le temps que le père supposé de l'enfant réfléchisse sur la conduite à tenir. Nadine comprit alors qu'elle ne pouvait demeurer longtemps sous leur toit, car elle savait que tôt ou tard son secret serait éventé. Ainsi, dans le but de camoufler sa supercherie pendant la durée nécessaire, elle arrêta son séjour au sein de la famille Yorgen à trois mois, avant de prendre la poudre d'escampette. Elle demeura par conséquent dans leur villa à Burglistrasse à proximité de l'hôtel Ascot deux mois, s'enveloppant dans des vêtements amples afin de donner l'illusion d'une femme enceinte. Au bout de cette période, elle s'éclipsa une nuit par la fenêtre de sa chambre en passant par la véranda de la villa, nantie de quelques économies lui garantissant son autonomie, qu'elle avait spoliée à Vincent. Désormais, la jeune femme était prête à continuer sa vie, sans plus rien attendre quoique ce soit du jeune homme qu'elle avait exploité à sa guise. Nadine se retrouva ensuite chez une camerounaise originaire, comme elle, de la région du Sud ; qu'elle avait connue lors de son voyage pour Zurich.

Murielle, surnommée la « coyote » par la diaspora africaine festive, du fait de sa vie de libertinage et de luxure, était une femme noire de la trentaine prononcée, dont la splendeur altérée n'était plus soutenue que par la chirurgie plastique et la cosmétique, activités sur lesquelles elle investissait la majeure partie de son argent. Abeng, encore ignorante et naïve, attirée par la beauté artificielle et l'autonomie que dégageait cette femme, se lia rapidement d'amitié avec elle. Une relation amicale qui ne fit qu'aller crescendo, vu que les deux femmes se communiquent continuellement par téléphone. Elles partageaient pratiquement les mêmes ambitions et objectifs, épousant des moyens identiques pour les atteindre. Le seul contraste entre elles se trouvait au niveau de leur âge. Murielle, de loin plus mûre et expérimentée qu'Abeng, savait que derrière les fioritures dont elle se parait, elle commençait à négocier la pente descendante.

Celle-ci voyait Nadine comme sa poule aux œufs d'or, comme une manne tombant du ciel. C'est dans cette logique qu'elle se mit à lui faire découvrir des endroits « chauds » de la ville, fréquentés par les amoureux des soirées arrosées et exotiques. En quelques mois, la belle brune, préparée et entretenue par sa maitresse, réussit à se fondre dans la masse, se confondant à merveille avec ceux qui avaient mis plus de te temps qu'elle dans la capitale suisse. L'entièreté de leurs soirées se perdait à Zurich Ouest, sur la Bahnhof strasse et ses nombreux restaurants riches aux apparats traditionnels, ses cafés légendaires et ses boites de nuit huppées ouvertes jusqu'au petit matin. C'est dans cet intervalle de sa vie que Nadine se mit à fumer, tout d'abord dans un but de snobisme, avant que cette habitude ne devienne un besoin.

Entre extra et réaliste, la jeune fille, changeant de bras autour de sa taille chaque soir, fréquentait pendant les après-midi l'orchestre des opéras, les musés d'art, avant de jouir pleinement de la vie nocturne de la ville avec ses bars et discothèques, sous la domination de liqueurs fortes et de drogue. Murielle n'omettait jamais, à chaque fois qu'elles se retrouvaient à un nouvel endroit, d'exhiber de façon ostentatoire son joyau, ouvrant les enchères dans un langage propre aux noctambules, que Nadine ne décryptait pas toujours.

Dès lors, elle introduisit la jeune fille dans l'obscénité la plus prononcée, l'emmenant avec elle dans des soirées orgiaques réservées et élitistes, se déroulant tantôt dans de somptueux appartements en bordure du fleuve, tantôt dans des chambres d'hôtels quatre étoiles ; où dans l'obscurité honteuse du mal elles se soumettaient aux fantasmes les plus sordides de clients pervers. La brune à la beauté incontestable était tellement sollicitée qu'elle se mit à être sélective, orientant son commerce sur les personnes les plus nanties. Malheureusement, ces dernières avaient des exigences à la limite du supportable ; ce qui obligea Abeng à se livrer sans retenue aux drogues, cherchant toujours l'état second qui lui permettrait d'accepter les sévices autant physique que moral qu'on lui infligeait.

Très vite, l'adolescente atteint un niveau de non-retour, enivrée et hilare de ce train de vie fait de sexe, de débauche, d'argent et de luxe, qui l'emmenait subrepticement vers sa perte. Elle vécut ainsi durant une année, si bien qu'elle économisa sans peine des centaines de milliers d'euros. Nadine était désormais à l'abri du besoin, ne manquant pas de temps à autres de faire signe de vie à son frère aîné, en lui envoyant d'importantes sommes d'argent, sans jamais lui révéler l'origine de son pactole. Sa famille ne manquait de rien au Cameroun, et cela était pour elle une fierté. Dans peu de temps, avec la richesse qu'elle possédait, elle reviendrait au pays en grande pompe, et pourrait également faire parler d'elle au travers des réalisations qu'elle avait en projet, et était présentement capable d'exécuter.

Cependant, au fil du temps, Nadine se sentait de plus en plus faiblir. Elle attribua tout d'abord cet état au travail contraignant qu'elle faisait. Mais les symptômes qui apparurent par la suite lui firent prendre cette situation au sérieux. Abeng commença à remarquer des éruptions sporadiques sur sa peau. Elle y porta une attention relative, se contentant d'y appliquer des produits et lotions qui n'apportaient aucune solution à son problème. Un mois plus tard, préoccupée davantage par ce mal ; elle se décida enfin de se rendre à l'hôpital pour y voir un peu plus clair. C'est ainsi qu'elle se rendit chez un dermatologue. Ce dernier lui prescrivit une longue ordonnance constituée de lait pour la peau et d'antibiotiques. Nadine les prit en respectant la posologie à la lettre ; malheureusement, ce fut en vain, car subséquemment, outre les éruptions cutanées, elle se mit à ressentir de vives démangeaisons se localisant au niveau de ses parties intimes.

L'adolescente anxieuse en parla avec Murielle qui la rassura et la conseilla d'aller faire des tests de dépistage concernant les hépatites et la chlamydia, qu'elle qualifiait de « petits bobos » de la profession. Nadine se hâta aussitôt de le faire. Le jour du retrait de ses résultats fut un jour comme tous les autres. Nadine sortant d'une nuit de sommeil, croupissant sous la fatigue et bercée par l'état extatique des substances psychotropes, était à peine attentive à l'appel qui se faisait par les infirmières de la salle d'attente. Contrairement à ceux dont les résultats d'examen provoquaient une certaine crainte se lisant sur leur visage, elle n'éprouvait aucune frayeur. Nadine savait qu'elle était malade. Il lui restait juste à être fixée sur le mal dont elle souffrait.

Abeng était convaincue qu'elle avait franchi la ligne rouge. En effet, les relations qu'elle entretenait se déroulent la plupart du temps sans aucune protection ni interdit, ce qui rendait par ailleurs ses services si rentables. Et lorsqu'elle prit place en face du médecin généraliste de l'hôpital, bien qu'elle ressentît une tristesse lancinante dans son cœur, elle ne fut nullement surprise du verdict : Abeng était séropositive. A ce moment, sa vie joyeuse et sans inquiétude du lendemain prit fin. Il n'y avait plus de lendemain, si oui un indissociable d'une mort imminente. Aussi, son esprit immergé dans une eau d'une noirceur impénétrable, la jeune fille brisée décida de rendre le mal qu'elle avait reçu dès sa prime enfance à tous ceux qui la désireraient, tous ceux qui viendraient à elle pour son corps, pour assouvir leurs convoitises charnelles, comme cela avait été le cas jusqu'ici.

La femme désespérée augmenta sa consommation de drogue et d'alcool, et à cause des symptômes apparents de sa maladie, changea sa clientèle huppée pour celle sillonnant les rues et les jardins de Zurich dans la nuit, à la recherche de sensations fortes. Elle se mit à fréquenter les personnes les moins recommandables qui soient, expérimentant les pires expériences nocturnes pour un humain, se voyant une fois ruée de coups et scarifiée par des jeunes racistes. Ses profits devenant inferieurs à ses dépenses, elle se mit à perdre l'estime de Murielle, qui s'occupait de la gestion de ses comptes ; dont elle était par ailleurs la trésorière.

A cette période de son existence, Nadine ne vivait plus ; elle n'avait plus aucune espérance. Le fantôme de la jeune fille errait tel un astre dépourvu de lumière dans les rues de la métropole suisse, se donnant au premier venu en échange de quelques euros qu'elle convertirait rapidement en un filet de cocaïne ou un sachet d'ecstasy. Sa beauté n'était plus qu'un vestige, tellement sa peau avait fané à vue d'œil. Nadine n'était plus qu'une loque humaine, un vampire se nourrissant de la vie de ses victimes pendant la nuit, avant d'hiberner en journée dans la maison de Murielle. Cette dernière, craignant désormais pour sa propre sécurité et pour celle de son entreprise, ourdit un complot afin de se débarrasser une bonne fois pour toute d'elle. A cet effet, la proxénète lui proposa une sortie avec un homme de la trentaine d'origine guyanaise, qu'elle lui présenta comme quelqu'un de très généreux. En réalité, ce dernier n'était rien d'autre qu'un tueur à gage, dont la mission actuelle était de précipiter Nadine dans le fleuve de Zurich après une soirée de vin et de liqueurs fortes.

C'est ainsi que par une journée enneigée de janvier, dominée par des bourrasques glacées, la jeune fille prit l'autoroute de contournement de l'ouest zurichois en direction de la commune de Birmensdorf ; elle était accompagnée de Jean Louis, le client que son amie lui avait présentée. Tout ce dont Nadine se souvint fut les verres de whisky et de bière pris avec immodération au bar d'un hôtel trois étoiles de la place, puis l'heure passée avec son compagnon à partager plusieurs lignes de cocaïne. Le reste fut un énorme trou noir dans sa tête ; comme si sa propre mémoire avait omis d'imprimer ce passage de sa vie, tellement il était abject.

Nadine se retrouva le lendemain dans les locaux des services d'émigration de la police suisse. L'adolescente était enfermée avec trois autres femmes sans savoir la raison de son arrestation. Elle se rendit compte qu'elle était habillée d'un t-shirt et d'un ample jean délavé dont on l'avait vêtu à la hâte, pareillement à quelqu'un qu'on avait trouvé nu. Ses sœurs de captivité, toutes de race noire, qui n'arrêtaient pas d'aller et venir, extirpées de leur cellule tantôt par les agents de police, tantôt par leurs avocats, la regardaient tel un rebut ; ainsi qu'une africaine dont le niveau de rabaissement était enclin à susciter un sentiment de dédain à la honte elle-même. Mais Abeng n'accordait créance à leurs regards condamnatoires, ni à leurs langues pleines de mépris. Les années derrières elles, et les sévices auxquelles elle avait dû faire face l'avaient aidé à négliger l'opinion des autres, pour se consacrer corps et âme à son autodestruction au travers de l'alcool, de la drogue et du sexe.

La jeune fille fut bientôt à son tour appelée par le chef de bureau de l'émigration ; et c'est alors qu'elle comprit la signification des regards dédaigneux des autres sur elle. Nadine avait été retrouvée en bordure de la Limmat, en tenue d'Eve, aux environs de deux heures du matin lors d'une patrouille de la police. Au même moment, un homme à quelques pas de là, ayant aperçu de loin la voiture organique avait pris la fuite. Pour les éléments du commissariat, il était clair que cet individu mystérieux et suspect s'apprêtait à lui faire du mal, voyant ses sombres desseins inaccomplis uniquement par leur arrivée subite. Le responsable de service lui autorisa à appeler ses connaissances sur place mais la seule à qui elle pouvait faire appel à son grand désarroi l'avait renié devant tous, affirmant aux policiers qu'elle ne la connaissait pas et ne pouvait pas s'associer à des filles de joie. Les quatre jours qui suivirent, les détenues, dont l'âge approximatif oscillait entre vingt et vingt-cinq ans, furent rejoint par deux autres personnes du même sexe ; si bien qu'en fin de semaine, le vol de départ à destination de leurs pays d'origine respectifs fut programmé pour le lundi d'après.

Les six malheureuses furent rapatriées sans pouvoir pour la majorité emmener avec elle la moindre valise. Elles n'emportèrent aucun souvenir de leur bref séjour écourté contre leur gré dans l'un des pays les plus riches au monde, si oui, des souvenirs empreints de nostalgie, de tristesse, de non accompli et de déception. Au moment où Nadine remontait les escaliers roulants conduisant à l'étage de l'aéroport, niveau où se trouvait le poste de police servant de local au commissaire, elle était dans un état onirique déconnectée de tout ce qui se passait autour d'elle. Son corps asséché autant de l'extérieur que de l'intérieur grelottait en pleine chaleur, en quête d'euphorie et d'extase, qu'elle ne pouvait se procurer que par la consommation de stupéfiants variés et dévastateurs.

Durant plusieurs heures, le vomi de l'occident fut soumis aux interrogatoires prolongés et contraignants des forces de l'ordre, avant de se voir proscrire l'accès en Suisse dans leur passeport. Lorsqu'elles furent relâchées et abandonnées à leur triste sort, le dernier vol commercial avait quitté le tarmac du complexe aéroportuaire, laissant derrière lui une installation silencieuse. Abeng Nadine se retrouva seule dans le hall de l'aéroport, à l'exception d'une poignée de personnes parmi lesquelles les agents d'entretien qui nettoyaient le sol marbré et les baies vitrées. Où irait-elle ? L'option de son retour au sud Cameroun était écartée, étant donné l'image de réussite qu'elle avait réussie à implanter dans les pensées des membres de sa famille et de leurs connaissances. En effet, Nadine était arrivée à supporter l'opprobre du côté de l'occident se confortant du fait que personne ne la connaissait ; mais elle savait qu'elle ne supporterait jamais ce qui l'attendait dans son village. Mieux valait la mort face au regard déçu de son frère et de sa tante, après tant d'espoir d'une vie meilleure.

De toute évidence, il lui fallait rapidement trouver un endroit où poser la tête, en attendant une autre aubaine du destin comme cela avait été le cas avec Aïssatou. Il n'était pas question de faire long feu dans ce pays ingrat et misérable, après avoir goûté le miel exquis de l'occident au sucre de luxe et d'abondance. Abeng comptait se refaire une santé et tenter à nouveau sa chance outre-Atlantique, quel que soit le procédé utilisé, le chemin lui permettant une fois de plus d'accéder à Rome. Toutefois, même l'immigration clandestine exigeait de gros moyens, et pour l'instant elle n'avait rien. C'est alors qu'elle entreprit de s'installer au quartier Emombo, l'un des quartiers les plus malfamés et les plus débauchés de la capitale politique. A l'aide de l'argent qu'elle avait en sa possession, elle pourrait y louer une chambre, afin de continuer avec son commerce.

Nadine renoua dès lors avec l'ambiance festive et arrosée des nuits blanches de son quartier populaire aux carrefours bouillants, parsemés de bars, de buvettes et de recoins noirs et ténébreux, repères de prostituées et de vendeurs de toutes sortes de substances illicites. La jeune fille était à ce moment-là au plus bas, réussissant à peine à survivre dans cette jungle où ses compères la considéraient comme une rivale. Ajouté à cela, sa santé venait telle la cerise sur le gâteau mettre un comble au désespoir, son état se dégradant de plus en plus ; à tel point qu'elle ne pouvait plus se montrer en public, ni apparaitre en plein jour. Abeng en voulait à l'entièreté des habitants de la terre. Son souhait à l'instant aurait été de transmettre la mort qui dévorait sa chair à toute personne sur son passage.

Pleine d'apathie, de haine et de désillusion, elle marchait dans les profondeurs abyssales du regret et de la désolation, prémices de la fin honteuse qui l'attendait inéluctablement du fait de sa maladie incurable. Elle s'en irait dans l'au-delà de la même façon que ses parents, employant inexplicablement le même moyen, le même virus. Aussi, en attendant le jour fatidique, Nadine n'avait de cesse de détruire et de se détruire, s'en donnant à cœur joie au vin, à la débauche et à la consommation immodérée de cannabis, d'analgésiques, et de substances psychotropes qui lui parvenaient par le biais de vendeurs à la sauvette ou de personnes peu fréquentables. C'est ainsi que ce beau brin de femme rayonnante jadis, vécut quelques temps, jusqu'à une soirée banale de mars 2014.

Il était minuit passée, et les rues abondaient d'ombres humaines agglutinées autour des débits de boissons diffusant des sonorités assourdissantes et perverses, semblant inciter ce beau monde à la violence. Cette brutalité, la jeune fille en fit les frais ; alors qu'elle venait de se vendre à un homme rachitique. Vêtu en tenue de clochard et saoul comme un polonais, lui demandant sa rémunération, ce dernier cracha sur elle, marmonnant des propos inaudibles et incohérents. Par la suite, les amants de l'instant d'avant se lancèrent dans une véritable joute verbale assaisonnée d'invectives crues mais aussi déshonorantes, qui dégénérèrent rapidement en une véritable démonstration de force de l'ivrogne. Celui-ci, envahit d'un regain de force et de lucidité momentanée, roua la malheureuse de coups rageurs devant un parterre de spectatrices passives.

Ce n'est que lorsque Nadine s'écroula comme morte, que ses concurrentes effrayées se précipitèrent sur elle, en alertant la brigade de gendarmerie la plus proche. L'assaillant de la victime fut gardé à vue, quand elle de son coté, à l'article de la mort, fut conduite dans un centre de santé à quelques pas du lieu où elle officiait. C'est dans ces circonstances que le corps médical après lui avoir donné les premiers soins, voulant la réanimer la dévêtit, dévoilant à ses collègues médusées ce qu'elle s'était toujours efforcée de dissimuler. Le thorax de Nadine était parsemé de furoncles entachant sa peau brune abimée collée à ses os.

Cette révélation fit en sorte qu'au retour de Nadine deux jours après, les choses changèrent considérablement. Ses voisines et en même temps collègues de service adoptaient maintenant une attitude de rejet vis-à-vis d'elle. Toutefois, le suspens ne dura pas longtemps et la sidéenne fut rapidement informée de la cause de cette mise en quarantaine subite. La porte-parole des filles, la plus ancienne de toutes vint vers elle et apprit à Abeng que dans le cadre du travail qui leur assurait leur gagne-pain, elles ne pouvaient laisser une personne malade travailler dans la zone, de peur de faire fuir les clients. C'est ainsi qu'elles s'associèrent et organisèrent une quête en faveur de Nadine, lui demandant poliment de débarrasser les locaux qu'elle occupait.

A ce moment précis, il ne restait plus rien à l'adolescente d'à peine vingt ans. Elle était descendue au fond de l'abîme sans aucune possibilité de salut, et même la condition d'un cafard semblait être préférable à la sienne. Pourtant, avant de s'en aller, l'une de ses amies avec lesquelles elle avait pu se faire une bonne relation la prit en aparté et lui remit l'adresse d'un guérisseur du côté de l'Est, une région du Cameroun, reconnu pour son mysticisme et sa sorcellerie. Elle lui dit que ce marabout puissant l'avait aidé elle-même à guérir de la même maladie, lui donnant en outre une attirance qui lui avait permis de prospérer dans son activité jusqu'à ce jour.

Abeng regroupa promptement les minces réserves financières qu'elle possédait, et les associa à l'aide des jeunes filles du quartier Emombo. Elle réunissait en tout et pour tout la somme de quarante mille francs CFA. C'était juste suffisant pour sa locomotion, sa consultation et le début de son traitement, selon les informations que lui avait données son amie ; ensuite elle s'en remettrait au sort. Ce fut sa dernière nuit sous le ciel de Yaoundé, son voyage étant prévu pour le lendemain. Le jour d'après fut un samedi de janvier sans aucune particularité, mais qui cachait bien des mystères, des surprises à l'adolescente éteinte de l'intérieur. Nadine s'était munie d'un sac de voyage vétuste à la fermeture éclair détériorée, que lui avait remis au passage l'une de ses anciennes acolytes de sale besogne. Dans celui-ci, se trouvaient deux habits bon marché qu'elle avait pu s'acheter, ainsi que son nécessaire de toilette et de maquillage, servant à cacher sa lividité cadavérique sous un confettis de couleurs vives artificielles.

La malheureuse infortunée avait décidé de voyager léger, abandonnant chaussures à talon et bottines, pour se déplacer librement d'une part, et d'autre part parce qu'elle savait pertinemment qu'il y avait de fortes chances qu'elle ne revienne pas. Son entretien avec l'initié aux sciences occultes de l'Est était probablement sa dernière tentative de réanimation. En cas d'échec, elle donnerait libre cours à l'envie de plus en plus pressante de suicide qui avait élu domicile dans sa pensée obscurcie par le désespoir.

Abeng s'était recroquevillée sur l'un des rares bancs métalliques de l'immense hangar, encombré de colis et de vivres diverses entassées en monticules par des transporteurs de brouettes, qui abritait les locaux de l'agence de voyage où elle avait fait sa réservation. Elle essayait de s'effacer, de disparaître au milieu du brouhaha ambiant occasionné par les marchands ambulants, les discussions des passagers empressés, les klaxons de véhicules dans tous les azimuts, sans oublier le tintamarre assourdissant des bars environnants. Les buvettes et autres lieux d'ambiance et de consommation de bières, sous un ciel de poussière mêlée à la fumée exhalant une odeur de poisson cuit à la braise, laissaient entendre derrière une longue colonne d'échoppes de vêtements et de produits alimentaires des sons discordants ; des sonorités musicales qui essayaient infructueusement de s'entrelacer chassant au loin le sommeil que Nadine recherchait.

Elle aurait voulu s'évader un instant, être dans un monde différent, où elle serait quelqu'un d'autre, quelqu'un qui ne serait pas sujet aux souffrances atroces qu'elle ressentait. Nadine se retenait difficilement de crier, tellement elle avait mal. Des coliques douloureuses, d'une violence inusitée, lui tordaient les entrailles, la faisant pleurer en silence. La sidéenne était arrivée à la phase terminale de sa maladie, du fait de sa négligence. En effet, plongée dans une vie de débauche et d'insouciance, Abeng n'avait jamais vraiment fait attention à sa santé. Au lieu de se soumettre au traitement de son mal, elle s'était livrée à la consommation abusive d'analgésiques de fabrication douteuse et de drogues, dans le but d'atténuer ses douleurs grandissantes ou de les faire volte-face le temps d'un instant.

En un éclair, l'agonisante fit une rétrospective de sa courte vie, repliée sur elle-même, et éprouva une profonde hantise mêlée de honte et de dégoût. Elle se rendit compte que tout au long de son existence, elle n'avait semé que la méchanceté, la perfidie et la débauche, et en récoltait présentement les fruits amères. Elle n'avait jamais rien fait de bon, ni de louable. Personne ne la pleurerait, si oui, pour des raisons d'intérêt. A ce moment précis, les yeux embués de larmes, elle leva les yeux vers le ciel azuré, et soupira. Son passage sur cette terre n'avait été que ruine et décrépitude, se terminant comme il avait commencé, dans le néant.

Deux heures d'attente et de véritable agonie autant physique que spirituelle s'écroulèrent avant qu'elle n'embarque à bord du car de la compagnie et ne prenne définitivement la route de Bertoua. Le véhicule de transport prévu pour vingt-cinq personnes, en comptait presque le triple. Les passagers, enchâssés les uns sur les autres et envahissant l'allée principale de l'automobile, étaient restreints de tout mouvement, hormis celui de cligner des yeux en vue de se protéger de la poussière épaisse qui caractérisait cette route. Le bus, chargé bien au-delà de la limite autorisée, pareil à un vieux rafiot pourri pataugeant péniblement sur le roulis de vagues, se frayait difficilement un passage à travers les innombrables nids de poules et les crevasses parsemant la chaussée de la nationale N° 10 détériorée par l'érosion associée au trafic important et incontrôlé des engins lourds.

Le gros porteur piteux et prêt à rendre l'âme, à l'avant exorbité, roulait à vive allure, déroulant devant lui et sur plusieurs kilomètres la flore caractérisant le sud du pays. Sous ses abords tempérés, la région était dominée par une forêt abondante, constituée de grands arbres. Celle-ci était entrecoupée à Ayos et ses environs par le fleuve Nyong et sa végétation propre, faite d'essences de valeur telles l'Ayous et le Moabi.

Nadine, malgré la chaleur insupportable due à la promiscuité, associée aux odeurs désagréables de sueur, de fuel et même de volailles se mélangeant dans l'automobile, essayait de profiter du paysage pittoresque. L'adolescente, prise en sandwich entre deux femmes imposantes originaires de l'ouest de Cameroun, se battait pour trouver de l'air, réussissant lorsqu'elle y parvenait à regarder par-dessus ses geôlières ce qui se passait à l'extérieur du véhicule. Le panorama plein de charme défilait comme la pellicule du film de sa vie, lui pinçant douloureusement le cœur, et lui procurant des sensations de déception et d'inaccompli. Abeng, quand elle se forçait de regarder en arrière ne voyait plus la route, mais plutôt un épais brouillard de poussière ; un triste rappel de la vanité fugace de sa propre existence. Tous ces hommes nantis qui étaient passés dans sa vie, toute la beauté dont elle s'était parée à la perfection, tout ce luxe insolent et cet argent qu'elle avait côtoyé et dépensé à sa guise…à présent il n'y avait plus rien, juste du vent.

Elle était désormais plus misérable que jamais, sans rien ni personne à ses côtés. Envahie par un énorme spleen, rongée par le remord, la jeune fille maladive envisageait déjà différents procédés utilisables pour mettre un terme à ses souffrances ; ses pensées suicidaires hésitant entre une mort par noyade dans les eaux noires et profondes du Nyong, et une overdose par absorption excessive d'analgésiques. Nadine avait assez de cette vie parsemée d'échecs et d'expériences douloureuses.

La voiture inclinée davantage du côté gauche, du fait de la mauvaise répartition de son chargement roulait à tombeau ouvert, sous la conduite d'un chauffeur en état d'ébriété. Ayant laissé derrière lui la ville d'Abong Mbang, dernière grande ville avant Bertoua, il arriva à la commune de Doumé, connue pour son fort colonial allemand et sa cathédrale. A une trentaine de kilomètres du chef-lieu de région, le trompe la mort négocia à tout va un virage obstrué par un tronc d'arbre mort en bordure de route, se retrouvant nez à nez avec un conducteur de motocycle transportant trois autres personnes. Tentant d'éviter la collision, le chauffeur serra brutalement à sa droite, préférant s'enfoncer dans le touffu, que de laisser plusieurs vies sur le carreau. Le bus crissa des pneus, avant de se pencher dangereusement et percuter une série d'arbres sur son passage.

Le premier choc suffit à lui seul pour faire perdre connaissance à l'agonisante, dont les coliques l'avaient conduit au bord de l'évanouissement. Elle n'eut pas le temps d'avoir peur ou de crier, qu'autour d'elle il n'y avait plus que de l'obscurité. Après un temps assez appréciable dans ce vide apaisant, Abeng entrouvrit les yeux sur une foule de personnes entourant le bus renversé sur le côté, les bagages éparpillés sur le lieu du sinistre. Frappée d'étourdissement, elle referma les yeux. Plus tard, au moment où elle rouvrit les paupières, elle se retrouvait dans une salle contenant quelques lits métalliques avec des matelas vétustes, séparés les uns des autres par des rideaux fins. La première réaction de son corps encore traumatisé fut de lui signaler une énorme douleur sur son flanc gauche. Son souhait à ce moment précis était de s'endormir d'un sommeil dont on ne se réveille jamais ; échapper à cette souffrance insupportable. A cet instant, Nadine était loin d'imaginer que cet évènement malheureux changerait sa destinée.

Dans la salle d'attente du dispensaire de Doumé, se trouvait en plus de Nadine une quinzaine d'autres personnes internées, pour la majorité des victimes de l'accident matériel de la circulation, auxquelles on administrait les premiers soins. Toute la jambe gauche d'Abeng était couverte de bandages et lui faisait atrocement mal. Son membre inférieur, agrippé à une potence de levage, était enflé et recouvert de bandages. Au premier mouvement brusque, son bassin sembla vouloir se briser sous le poids de sa cuisse et de son mollet quasiment insensible. La jeune fille était encore sous le choc et apeurée ; mais au fur et à mesure qu'elle recouvrait ses esprits, elle se rendit compte que son mal était le moindre à juger les blessures des autres accidentés.

L'infirmière, une dame mûre arborant une blouse d'une blancheur approximative, apparaissait de temps à autres dans la salle pour contrôler l'état des perfusions et des malades. Celle-ci vint passer à la hâte devant elle, la regardant à peine, puis revint cinq minutes après, accompagnée de l'infirmier-major officiant en qualité de médecin. L'homme à l'apparence négligée et aux grosses lunettes endommagées lui demanda d'un ton doucereux si elle avait de la famille aux environs pouvant l'assister et la garder, et bien entendu de l'argent pour pouvoir payer ses ordonnances cumulées aux frais d'hospitalisation. Mais la malheureuse était seule au monde, sans aucune connaissance au périmètre. De plus, en ce qui concernait ses finances, elle s'était rendu compte que le vieux sac les contenant avait disparu lors de l'accident, emportant également avec lui tout ce qui pouvait aider à son identification.

C'est dans cet état de frustration et d'impuissance face aux évènements dramatiques qui se succédaient qu'Abeng passa la matinée et l'après-midi dans le centre médical d'arrondissement, ne buvant que de l'eau.

À la tombée de la nuit, sans lui demander son avis, elle fut priée par le responsable de l'établissement de libérer le lit qu'elle occupait ; et avant même qu'elle n'ait eu le temps de se justifier, fut sortie manu militari de la salle sous prétexte qu'il y avait plus nécessiteux qu'elle, étant orientée dans la cour de l'hôpital. Il était dix-neuf heures et Nadine n'avait nulle part où aller. Par conséquent, sans se soucier du regard des gens autour d'elle, elle s'étendit sur l'un des longs bancs servant à accueillir les personnes venant en consultation. Au comble de la fatigue et de la douleur, ce meuble vétuste, sentant le bois humide et la moisissure, apparaissait comme la seule alternative dans cette petite ville perdue entre le centre et l'Est du pays. Livrée à elle-même et brisée autant mentalement que sur le plan corporel, Nadine était désorientée.

Dépourvue d'argent et d'énergie physique, la jeune fille n'arrivait plus à réfléchir avec lucidité. Complètement détruite, il n'était plus question que de suicide dans sa tête. La route n'était pas très fréquentée en journée, mais pourtant à partir de minuit elle était envahie par des convois d'engins lourds à destination de la capitale économique Douala. Elle attendrait patiemment l'heure fatidique, puis se jetterait sous les roues de ces véhicules porteurs de mort, offrant de très maigres chances de survie. Cependant, malgré le fait que l'esprit de Nadine soit totalement dominé par cette soif effrénée de suicide, une faible voix en elle lui faisait espérer, la poussant à croire encore à la vie. Cette faible lueur soupirait après un signe du destin, un miracle instantané ; aussi comme un enfant prenant les illusions pour la réalité elle fermait les yeux et les rouvrait pensant apercevoir un monde meilleur, pensant remonter le temps et se retrouver dans ses soirées folles zurichoises, mais en vain. En effet, rien n'a changé ; elle avait toujours aussi mal et la scène pathétique et honteuse dont elle était actrice se confirmait comme la réalité.

Après une heure recroquevillée sur le banc à cause du froid, l'adolescente réussit à trouver le sommeil. Elle fut alors plongée dans un profond endormissement et fit un rêve des plus inhabituels. Nadine se retrouva dans une grande salle où se trouvaient plusieurs personnes malades. Elle était parmi celles-ci, assise à même le sol. Un homme s'approcha d'elle et fixa ses regards sur son visage hideux en lui disant qu'il n'était pas trop tard et que tout était encore possible. Le visage de Nadine semblait être absorbé par celui de son vis-à-vis pénétrant et profond, inspirant la crainte. À ce moment précis, la jeune fille ressentit un bien-être sans pareil ; si bien que lorsqu'elle se réveilla de ce beau rêve qu'elle ne voulait plus abandonner, une douce larme tiède glissa le long de sa joue moite et creuse. Il était vingt-trois heures sur la montre du centre médical.

La pénombre de la nuit avait élu domicile dans l'hôpital rural, dont la porte fermée à double tour isola Nadine seule à la cour. La jeune fille souffrante entendait déjà au loin le bruit des klaxons des grumiers, se préparant à prendre la route. C'était le moment ou jamais d'abandonner cette triste vie de la façon la plus rapide et brutale qui puisse être. Un vent glacial sifflait jusqu'aux oreilles de l'infortunée, asséchant et fendillant ses lèvres au goût fade, paralysant ses doigts repliés sur eux-mêmes. L'agonisante, frappée de plein fouet par l'air hivernal, tremblait d'un grelotement frileux telle un oiseau affamé. Ne pouvant plus de ce combat inégal perdu d'avance contre la nature qui la faisait de plus en plus tendre au suicide, Abeng se redressa du banc et se convainc de mettre à exécution son projet macabre.

En tout état d'âme, elle se laissa diriger machinalement par l'esprit de mort dont la voix était nettement audible. C'est ainsi qu'elle regroupa les dernières forces qu'il lui restait, faisant fi de l'intense douleur sur son corps affaibli, que lui procuraient sa jambe et les conditions atmosphériques insoutenables. Elle se leva, puis descendit lentement et péniblement la petite colline, en contrebas de laquelle se trouvait l'axe-lourd. Arrivée à son terme, elle marqua une halte en face d'un kiosque où l'on vendait des friandises. Dans la radio portable du commerçant à moitié endormi jouait une musique dont certains passages marquèrent l'esprit de la jeune fille. La chanson, qui avait inexplicablement débutée quelques secondes après son arrêt, donnait l'impression de s'adresser directement à elle.

Celle-ci parlait du témoignage captivant d'un détenu qui était passé par la drogue et le meurtre, avant d'être emprisonné suite à un vol à main armé. Par la suite, en détention il avait fait la rencontre de Jésus-Christ. Ce dernier l'avait affranchi de sa vie d'antan, qui n'avait été que ruine et destruction. Ce Jésus l'avait aimé d'un amour que personne d'autre avant ne lui avait manifesté ; si bien qu'à présent il savait qu'il était aimé peu importe les temps et les circonstances, et rien que pour cela il ne rentrerait jamais en arrière. Quelles que soient les épreuves et les douleurs, il savait que Jésus ne l'abandonnerait jamais, il ne le délaisserait point. Les hommes pourraient le trahir, son cœur le tromper, mais Jésus-Christ lui sera toujours fidèle.

Cette douce mélodie, à la même enseigne que le rêve écourté qu'elle avait fait auparavant, la réconforta provisoirement, mais sans plus. Nadine ne savait pas qui était ce Jésus dont parlait la chanson, et ne disposait plus de temps pour le connaitre. Des histoires d'amour Abeng en avait entendu, vu et vécu à la pelle ; étant arrivée à la conclusion que cette notion n'était qu'un concept impossible à appréhender du fait de l'égoïsme humain.

Une dizaine de minutes passa et Nadine n'arrivait plus à maitriser son corps, manifestement arrivé à la limite de ses possibilités. Elle s'était mise à transpirer abondamment, et était maintenant sujette à une série d'étourdissements qui la fit plonger dans un grand tour noir. Que se passait-il ? Etait-ce la fin ? Un éclair de lumière passa, et la jeune fille se souvint d'une des phrases de la chanson d'il y a quelques minutes. Nadine ressentant qu'elle s'engouffrait dans un épais et obscur nuage de ténèbres, lança machinalement une phrase qui l'avait particulièrement marquée : « Jésus, ne m'abandonne pas » tel fut le faible cri qui s'évanouit dans le plus profond de son subconscient. Nadine ne ressentait plus rien…

La rudesse du climat s'était estompée, ainsi que les douleurs lancinantes de son corps. Elle paraissait dormir profondément, incapable de produire la moindre pensée, le moindre geste. Néanmoins, elle ressentit une présence à ses côtés, mais comme dans un rêve ; ensuite, le son d'une voix calme lui demandant comment elle allait. Abeng entendait mais ne pouvait avoir aucune réaction, son corps étant totalement inerte et épuisé. La morte-vivante se sentit soudain comme soulevée au-dessus du sol, puis transportée sur un engin roulant. Insouciante, la jeune fille ne craignait plus pour sa chair, consciente que c'était la fin. Par ailleurs, elle était arrivée à avoir une préférence pour cet état d'inconscience, en comparaison à la vie cauchemardesque qui l'attendait une fois réveillée. Au milieu du néant, de temps à autres, elle entendait des chants et des paroles dites à l'unisson, rapidement recouverts par le silence.

Le lendemain, la jeune fille se réveilla sur un lit princier parsemé de coussins rembourrés, qui lui massaient le corps tout entier, lui procurant un grand bien. Elle avait été lavée et vêtue d'un habit neuf, et sa jambe nettoyée et bandée avec soin.

Nadine était sous perfusion, et quelques comprimés étaient posés à son chevet de lit, accompagnés de croissants et d'une tasse de lait. La pièce de taille moyenne dans laquelle elle se trouvait était très rustique, composée d'une armoire en face du lit, d'un guéridon et d'un fauteuil au cas où elle voudrait s'asseoir. Les murs étaient d'un blanc immaculé ; sujets à un entretien remarquable. Ils arboraient fièrement plusieurs tableaux avec des paroles bibliques.

Nadine n'y prêta pas trop attention, car cela lui était familier, elle-même ayant grandi dans un contexte similaire ne faisant que dépeindre une pseudo-spiritualité. La fenêtre de la chambre donnait sur un magnifique jardin de roses blanches et rouges, de tulipes et de pivoines visitées par des oiseaux de différentes couleurs au chant apaisant. La jeune fille essaya d'aller chercher au plus profond de son subconscient le film de la veille, mais tout était noir. Renonçant à fouiller dans le passé une fois de plus comme cela avait été le cas pour Zurich, sa mémoire ayant tout effacé, la jeune fille avala d'un trait les médicaments, et pris par la suite le petit-déjeuner offert. Elle se résolut alors d'attendre le bon samaritain qui avait pris soin d'elle, pour lui demander ce qui s'était passé le jour d'avant ; bien sûr, seulement si celui-ci daignait lui répondre.

Elle était encore plongée dans ses réflexions lorsqu'une femme de la quarantaine à l'apparence fluette s'approcha d'elle, lui posant la question d'une voix douce et maternelle de savoir comment elle se portait. Dans un premier temps, Abeng afficha une mine dubitative, usant de retenue devant la dame vêtue avec modestie dont l'assortiment de couleurs entre sa robe et son écharpe s'associait merveilleusement à sa peau claire. Pour la mettre en confiance, l'hôte de Nadine la questionna à nouveau sur la même préoccupation, lui esquissant cette fois-ci un large sourire, en enchaînant directement avec le récit des évènements de la veille.

Abeng s'était effondrée de fatigue devant un kiosque de friandises à quelques mètres de la gare routière de la commune rurale. Le centre médical étant fermé, le commerçant avait fait appel à son mari assurant la garde de nuit à la gare, sachant qu'il pourrait la contacter, en raison de ses connaissances médicales. En effet, elle était infirmière diplômée d'Etat ; toutefois, elle avait abandonné son travail pour se consacrer uniquement à son mari et ses enfants. Il lui arrivait pourtant de donner de temps en temps un coup de main ici et là à ceux qui l'approchaient pour solliciter son aide. C'est ainsi que l'adolescente avait été transportée jusqu'à elle pour que ses pansements déjà abimés soient refaits, et que sa blessure béante et purulente soit suturée.

Aux environs de trois heures du matin, voyant l'état préoccupant d'Abeng malgré les soins qu'elle avait reçus, elle avait invité quelques personnes avec lesquelles elle avait prié pour demander à Dieu rétablissement et protection. À présent, l'aide-médicale se réjouissait de voir la jeune fille se sentir mieux. Elle marqua un moment d'arrêt et ramassa les assiettes sur le guéridon ; puis, d'un regard affectif demanda à son vis-à-vis ce qui s'était passé afin qu'elle se retrouve dans une situation pareille.

Cependant, Nadine resta muette, prétextant être fatiguée. En fait, elle était arrivée au point où elle ne voulait plus faire part de sa vie à personne, pleine de ressentiments non seulement envers son propre être, mais également à l'égard du reste du monde. La revancharde avait arrêté d'essayer de faire confiance, pour la simple raison que les humains étaient tous identiques, pleins de méchanceté et d'égoïsme, sans aucune compassion, leurs actes les plus louables cachant toujours un intérêt sous-jacent.

La dame au visage juvénile rayonnant de joie n'insista pas davantage et se releva du lit, disparaissant derrière la porte d'entrée de la chambre. Elle réapparut cinq minutes après et s'assit à coté de Nadine. En même temps qu'elle inspectait sa température et ses pansements, elle profita pour se présenter au nom de Matong Diane. Pour éviter toute incongruité, Nadine se présenta à son tour. Donner son nom ne lui posait aucun problème, ne dévoilant en rien le récit malheureux et dramatique de son existence. De ces présentations, s'en suivit une heure de conversation qui de juste, rapprocha les deux femmes de deux époques, de deux générations opposées, et leur permit de mieux se connaitre.

Dans cet échange beaucoup plus unilatéral, Nadine se contentait de répondre adroitement aux questions qu'elle jugeait inoffensives, se revêtant d'un voile impénétrable pour celles qui concernaient sa vie privée. La jeune fille était passée maitre dans ce cas de figure. Elle écoutait avec une mine attentive les propos de sa soignante, qu'elle accompagnait de gestes expressifs, de petits sourires à peine prononcés, ainsi que de courtes paroles flatteuses. Pourtant, au même moment son cœur ténébreux avait érigé une forteresse infranchissable contre tout conseil, avis et sentiment empreint de bonté venant d'autrui.

Pour elle, il n'y avait que deux positions dans lesquelles on pouvait situer un homme ; soit il était une victime exploitée et influencée par la seconde catégorie, soit celle des prédateurs voraces dépourvus de tout bien en eux. C'est dans ce deuxième camp qu'elle s'était toujours identifiée, jusqu'à ce que les circonstances de la vie la surprennent et lui fassent savoir que derrière un prédateur se cachait un prédateur. En effet, en s'adonnant à une méchanceté gratuite, en vivant une existence d'intérêt et de ruse, elle était loin de s'imaginer devenir la victime de la méchanceté qu'elle avait semée à tout vent, recevant son salaire amer. L'on ne pouvait moissonner que ce qu'on avait planté. Aussi, devant Diane elle avait adopté la stature la plus studieuse qui soit, écoutant religieusement ce qu'elle lui disait, secouant parfois la tête pour signifier la compréhension et l'assimilation des propos de la quadragénaire.

Abeng, le visage allongé assombri par sa connaissance précoce du mal et déridé par un sourire enjôleur, posait des questions sur la vie de la dame et sa famille. La famille Matong était composée d'un chef originaire de la région de l'Ouest, plus précisément du département des hauts-plateaux dans l'arrondissement de Bafang. Madame Matong en ce qui la concernait était originaire de l'Est à Abong-Mbang. Par ailleurs, elle n'était jamais sortie de sa région de naissance. Ils étaient mariés officiellement depuis une vingtaine d'années déjà, et avaient donné la vie à deux merveilleuses filles. L'une vivait à l'étranger, ayant bénéficiée d'une bourse d'études pour le Canada ; l'autre, quant à elle était encore au lycée en classe de première scientifique.

Nadine avait appris à user d'hypocrisie, réussissant ingénument à dire avec une facilité et une aisance accablantes des choses que son cœur ne pensait pas. Elle était parvenue à établir en elle-même une insensibilité et une froideur à toute épreuve, lui permettant d'accomplir des actes impensables et répréhensibles sans état d'âme.

Toutefois, malgré tout ce conditionnement, elle était contrariée par l'expression que trahissait naturellement la femme adulte. Sa face illuminée, resplendissait d'une joie débordante alors qu'elle racontait son histoire. C'était comme si Diane vivait encore ce passé d'il y a pourtant plusieurs années, comme si le temps et les circonstances malheureuses de la vie n'avaient en rien émoussés ces moments lointains de son existence relatés avec tant de vie. Son visage plaisant et radieux ressemblait à celui d'une adolescente de vingt-deux ans, dénotant que l'amour dont elle avait été l'objet durant tout ce temps n'avait pas été altéré.

Pour la première fois depuis sa prime jeunesse, Nadine fit sortir des paroles sincères de sa bouche à son plus grand désarroi. L'adolescente aurait voulu les retenir, mais telle de la fumée, elles s'étaient insinuer au-travers des fissures de sa forteresse qui avait commencé à se briser depuis la veille. Nadine lui fit la confidence qu'elle ne croyait pas à l'amour encore moins à la famille ; car l'être humain était tellement imparfait, tellement mauvais, qu'il ne pouvait que détruire ce que lui-même essayait de bâtir. L'amour était une valeur impossible à atteindre et à vivre pour l'homme. Cette remarque coupa court la femme âgée qui marqua un long moment de silence.

Diane essayait de chercher le mot juste pour exprimer ce qu'elle ressentait, mais aucun n'était assez expressif. Son cœur était empli de pensées et de sentiments, cependant elle manquait de mots et de gestes pour les exprimer ; et même ses yeux embués de larmes, ses mains tremblantes d'émotions, et son visage sérieux arrivaient à peine à traduire l'amour qu'elle avait reçu en deux décennies de son époux et sa famille. Matong fixa alors la jeune fille désabusée et lui dit d'un timbre amoureux faisant frissonner Abeng qu'elle n'avait pas un mari, mais le meilleur des frères. Sur le coup, Nadine ne compris pas ce qu'elle avait essayé de lui dire, lui adressant aussitôt son habituel sourire forcé, dont elle seule avait le secret. Les deux femmes parlèrent ainsi pendant quelques minutes, jusqu'à ce que l'infirmière termine le nouveau pansement sur la jambe de sa patiente.

Suite à ces soins, l'adolescente se sentant apaisée éprouva le besoin de se reposer. Restée seule dans la chambre, elle jeta un regard pensif à travers la fenêtre entrouverte offrant un paysage naturel sublime. Même si Nadine avait refusé de se l'avouer, cet échange brisa complètement ses suspicions vis-à-vis de la famille qui l'avait accueillie. Quoique personne ne soit parfait pour une raison mystérieuse, la jeune fille savait qu'elle se trouvait dans une bonne famille, entre de bonnes mains, en sécurité.

Abeng s'endormit à nouveau, cette fois-ci avec plus d'assurance. Elle fut réveillée à l'heure du crépuscule, tandis que la lune ocrée faisait tomber un épais voile couleur sépia sur la flore extérieure exhalant un parfum enivrant. Pendant qu'elle ouvrait les yeux, Nadine se retrouva nez-à-nez avec un visage souriant et sympathique, la fixant attentivement d'un regard plein de curiosité. Il s'agissait d'une adolescente de seize ans de très belle de figure, et aux cheveux crépus nattés en tresses, lui couvrant presque tout son visage puéril. Au moment où Abeng la dévisagea, elle se souvint avec nostalgie de l'âge de l'innocence, avant qu'elle ne se laisse séduire par ce monde mauvais et insidieux, sombrant par la suite dans le cauchemar qu'il offrait comme envers de sa gloire évanescente.

En effet, les deux jeunes femmes auraient pu se ressembler comme deux gouttes d'eau. Elles avaient la même peau claire laiteuse, les mêmes grands yeux azurés, ainsi que la même chevelure noire abondante ; à la seule différence que l'une d'entre elles, le visage enjoué recouvert d'acné, dégageait une candeur qui avait été ravie précocement à l'autre. Abeng ressentit instantanément une vive douleur due au retour inconscient vers ce passé peu glorieux et triste qu'elle s'efforçait d'éviter. Toutefois, elle n'eut pas le temps de s'apitoyer longuement sur son sort, que son vis-à-vis lui demanda d'une voix innocente et excitée comment elle s'appelait.

Abeng se redressa mollement du lit et s'adossa sur son chevet, considérant avec étonnement cette fillette en tenue de classe et sac au dos, qui semblait pourtant être assez émancipée pour son âge. La majorité de ses pairs auraient exprimé de la méfiance face à un intrus, une étrangère ; mais elle au contraire s'en accommodait facilement, comme si elle était en compagnie d'une vieille connaissance. Abeng se présenta à l'élève qui lui rendit congrument la pareille. Et alors que Murielle s'apprêtait à déverser son flot de questions sur elle, sa mère apparut au seuil de l'entrée de la chambre et la réprimanda avec douceur, la conviant à laisser leur invitée encore faible se reposer.

Dehors, la pénombre de la nuit était tombée, et les premiers grillons avaient commencé leur sempiternel bourdonnement nocturne. Diane prit aussitôt place sur le guéridon qui jouxtait le lit de sa patiente et lui demanda comment elle allait. Son interlocutrice se rendit compte que les douleurs cumulées de sa jambe et de son ventre avaient baissé. Par contre, elle éprouvait une énorme envie de fumer et de prendre les analgésiques qu'elle était dans l'impossibilité d'avoir. Le manque de ces différentes substances extatiques faisait trembler son corps tout entier telle une feuille morte. La droguée était consciente de pouvoir parler de sa dépendance à Matong sans aucune crainte, cette dernière n'attendant que cette occasion, mais elle ne le fit pas. Cela aurait été lui ouvrir les portes de son jardin secret, lui faire confiance.

Nadine avait grandi dans un environnement religieux et n'ignorait pas que mêmes les personnes les plus ferventes avaient des confessions qu'elles ne pouvaient supporter. Cette famille tellement accueillante n'avait nul besoin de connaitre sa sale histoire, de se voir corrompre par la noirceur abyssale qu'elle avait toujours transportée avec elle, et qui la poursuivait telle une ombre spectrale partout où elle encrait son navire en détresse et sans repère. Abeng pensait que le fait de leur faire part de sa vie de prostituée, de son addiction aux drogues, et de sa maladie honteuse susciterait en eux de l'aversion, de la suspicion et du rejet à son encontre. La sidéenne garda ainsi le silence sur son secret, et serra les dents afin de combattre la douleur lancinante qui assaillait son corps en pleine décrépitude, sevré brutalement des substances destructrices auxquelles il s'était accoutumé.

Cependant, la jeune fille au bout du rouleau se doutait aussi que tôt ou tard la vérité se ferait connaître ; un jour ou l'autre, sa maladie chronique se manifesterait à nouveau, cette fois-ci accompagnée de symptômes visibles. Le vide qu'avait créé sa carence en drogues serait bientôt insupportable à gérer. Mais en attendant ce moment à venir, Nadine ne pouvait que profiter de l'hospitalité de la famille Matong, sans la mettre de quelque manière que ce soit en péril.

Une poignée de minutes suffit à Diane pour installer la malade sur le fauteuil roulant démontable prévu à cet effet. L'infirmière la conduisit ensuite le long d'un corridor jusqu'au salon de la maison où les attendaient le père de famille et Murielle, habillée d'une chemisette en coton faite maison, et d'une longue jupe fleurie. Le salon de la maison était d'un style pittoresque, alliant harmonieusement simplicité de formes et beauté d'agencement. Une banquette-lit de couleur noire, parsemée de coussins rembourrés, était associée à trois fauteuils microfibres d'un blanc immaculé créant un effet damier ; les deux tables gigognes de verre qu'encerclaient les quatre meubles portaient gracieusement un joli pot de fleurs et un cadre doré, représentant toute la famille. Et à côté du salon, juste avant la cuisine, avait été disposée une table à manger en bois sculpté, agrémentée d'un plat contenant des fruits artificiels. Quatre poufs avaient également été aménagés à chaque angle droit de la pièce centrale, au sol stratifié entièrement revêtu d'un tapis de mousse remarquablement propre. On se serait cru un moment dans la demeure de quelqu'un de distingué, tellement ce décor était attrayant et original. Nadine remarqua qu'il n'y avait pas de téléviseur, et que sur les murs recouverts de papiers peints étaient agrafés divers passages tirés des saintes lettres.

Diane, après avoir installée Abeng sur l'une des chaises houssées de la table en bois, commença à servir le repas, aidée de Murielle. Le diner était essentiellement végétarien, composé de fruits et de légumes. Après le service, les deux femmes se tinrent debout de part et d'autre du chef de maison ; et c'est alors que celui-ci prit leurs mains. Nadine en déduisit automatiquement qu'il s'agissait du moment de la prière. Elle aurait pu elle aussi se joindre à eux, mais craignait de dévoiler la tremblote de ses mains, causée par son état de manque actuel. La malade resta ainsi assise, prétextant se sentir très faible. Sans plus attendre, monsieur Matong rendit grâce pour le repas, comme pour l'invitée qu'ils abritaient sous leur toit.

Suite à cela, la femme de maison prit soin de distribuer des serviettes à jeter, accompagnée à chacun de ses pas par le large sourire de sa fille. Nadine n'avait cessé d'observer et d'analyser les moindres faits et gestes qui se déroulaient devant ses yeux encore dubitatifs ; si bien qu'au fur et à mesure que le repas avançait, elle se laissa vite conquérir par l'atmosphère chaleureuse et conviviale qui dominait en ce lieu. C'était quelque chose de nouveau pour Nadine, une expérience inconnue qu'elle n'avait jamais éprouvée auparavant, même pas au sein de sa propre famille. En effet, bien qu'elle ait vécu dans un foyer beaucoup plus nanti matériellement que celui du gardien de gare, son père ayant travaillé dans l'armée jusqu'au grade de capitaine, elle ne s'était jamais senti autant appréciée et respectée. De façon spontanée, les trois Matong s'étaient transformés en frères et sœurs, échangeant sans aucune contrainte sur tout et sur rien, s'arrachant de temps à autres des fous rires.

Bientôt Nadine se laissa pareillement prendre au jeu, captivée par les histoires lointaines cachant toujours une moralité du père de famille, s'abandonnant sans retenue aux éclats de rire que lui provoquaient les remarques et interventions hilarantes et juvéniles de Murielle. Pendant un instant, Abeng oublia ses soucis et s'adonna à une heure de partage sur la société et son évolution, l'actualité, la culture et le sport. Décidément, elle se plaisait dans cette famille, et avec un léger pincement au cœur, regretta que ce ne soit qu'au crépuscule de sa courte vie qu'elle puisse découvrir une telle communion de cœurs dans un foyer.

À la fin du repas, Nadine s'attendait à ce que chacun se lève individuellement et se rende dans sa chambre ou encore se dirige vers le téléviseur caché dans l'une des pièces de la maison, indispensable à toute famille moyenne camerounaise, mais rien de cela ne se produisit. Plutôt, à sa grande surprise, c'est monsieur Matong qui se leva pour débarrasser la table. Murielle, de son côté s'était empressée d'ouvrir le sac usé et défraîchi de son père, pour y retirer un livre gardé dans une sacoche. Elle ouvrit au hasard la Bible, et la remit à sa mère, qui prit une poignée de secondes pour lire le passage indexé par sa fille.

La salle à manger était devenue tout d'un coup calme et tranquille, hormis le tintement des assiettes et ustensiles, associés aux sifflotements joyeux et satisfaits du père de famille en pleine vaisselle. Les grands yeux bleus de la lycéenne étaient fixés sur sa génitrice, attendant patiemment qu'elle lui parle. Cette dernière se mit à lire posément un passage des écritures tiré de l'évangile de Jean, caressant tendrement l'abondante chevelure de sa fille. Abeng, désemparée et pleine d'admiration, participait en spectatrice émerveillée à cette véritable démonstration d'amour.

A peine avait-elle achevé la première phrase du texte que Murielle en compléta la suite. Il s'agissait d'une conversation entre Jésus et Nicodème, dans laquelle Il l'enseignait en ces termes : « En vérité, en vérité, je te le dis, nous disons ce que nous savons, et nous rendons témoignage de ce que nous avons vu; et vous ne recevez pas notre témoignage. Si vous ne croyez pas quand je vous ai parlé des choses terrestres, comment croirez-vous quand je vous parlerai des choses célestes ? Personne n'est monté au ciel, si ce n'est Celui qui est descendu du ciel, le Fils de l'homme qui est dans le ciel. Et comme Moïse éleva le serpent dans le désert, il faut de même que le Fils de l'homme soit élevé, afin que quiconque croit en Lui, ait la vie éternelle. Car Dieu a tant aimé le monde qu'Il a donné son Fils unique, afin que quiconque croit en Lui ne périsse point, mais qu'il ait la vie éternelle. Dieu, en effet, n'a pas envoyé son Fils dans le monde pour qu'Il juge le monde, mais pour que le monde soit sauvé par Lui. Celui qui croit en Lui n'est point jugé ; mais celui qui ne croit pas est déjà jugé, parce qu'il n'a pas cru au nom du Fils unique de Dieu. Et ce jugement c'est que, la lumière étant venue dans le monde, les hommes ont préféré les ténèbres à la lumière, parce que leurs œuvres étaient mauvaises. Car quiconque fait le mal hait la lumière, et ne vient point à la lumière, de peur que ses œuvres ne soient dévoilées; mais celui qui agit selon la vérité vient à la lumière, afin que ses œuvres soient manifestées, parce qu'elles sont faites en Dieu. ».

A l'issue de la récitation de l'élève, Diane lui demanda si elle comprenait au moins ce que cela voulait dire. L'adolescente hocha les épaules naïvement et répondit : « Je ne sais pas, peut-être suis-je trop jeune pour comprendre les profondeurs des Saintes Lettres maman ». Puis, la belle brune de seize ans se redressa de sa chaise, et soutenant sa tête du creux de ses deux mains renchérit : « Jésus nous apporte le véritable amour venant du Père. Un amour qui n'est point intéressé, et qui loin de juger, de mépriser ou encore de soupçonner son prochain de quelque manière que ce soit, nous pousse plutôt à nous sacrifier, à tout donner pour que l'autre puisse en jouir à son tour. ».

- « Et toi ma fille, es-tu amoureuse ? » lui demanda sa mère le visage illuminé de tendres sentiments.

- « Oui maman, je suis amoureuse de papa, de toi et aussi de Suzanne, malgré le fait qu'elle soit à l'autre bout du monde ».

- « Moi aussi je t'aime ma poupée », lui susurra la quadragénaire tressaillant d'allégresse avant de l'embrasser très fort.

Nadine n'en revenait pas. Elle n'avait jamais vu l'amour prendre vie à ce point. En effet, à plusieurs reprises au cours de ses escapades nocturnes, ce mot avait effleuré ses oreilles, toutefois il était toujours entaché de fausseté et de profit. Etait-ce possible d'être réellement aimé ? Qui était donc ce personnage énigmatique, ce Jésus dont le nom commençait à se faire une place dans son quotidien ?

Abeng, avait été particulièrement touchée par le passage des évangiles et le commentaire de Murielle. Elle s'était sentie personnellement interpellée par cette invitation à accepter simplement l'amour de Dieu sans aucune contrepartie. Pour la première fois, elle avait connaissance d'un Dieu qui ne la condamnait pas pour sa prostitution, ses mensonges, sa fourberie, sa cupidité, mais voulait ardemment qu'elle soit sauvée ; à un tel point qu'il avait porté son amour à son comble en écrasant par les souffrances son Fils unique, en lui faisant devenir malédiction à sa place. Nadine monologua alors dans son cœur : « Puis-je être sauvée dans l'état actuel où je me trouve ? Qui me délivrera de ma dépendance aux drogues, de cette maladie incurable qui ronge ma chair ? ». Confrontée à ces réalités de son existence, elle sombra à nouveau dans le spleen qui la caractérisait, jugeant cette croyance on ne peut plus utopique. La ressortissante du sud Cameroun s'excusa et exprima auprès des Matong son désir de prendre congé, se cachant à nouveau derrière la fatigue.

Cependant, malgré le fait qu'elle prit la fuite, les versets bibliques continuèrent à résonner dans sa tête, comme si ils avaient été écrits pour elle. Nadine n'avait aucune force contre ces paroles, qui lui exposaient clairement la triste évidence de son court passage sur cette terre. Abeng avait préféré les ténèbres à la lumière. Durant plusieurs années, elle s'était vendue pour de l'argent, elle avait abusée de la confiance de ses amis, elle avait haï le monde et transmis sciemment sa maladie à tous ceux qui avaient le malheur de croiser sa route ; si bien qu'à présent la lumière la répugnait, allant jusqu'à combattre de toutes ses forces l'amour que lui offrait cette famille exceptionnelle. Abeng avait honte de sa personne, et préférait amener son pitoyable et humiliant passé dans la tombe. La famille Matong et ce Jésus dont elle lui parlait pouvaient lui pardonner, par contre elle ne s'excuserait jamais de ses propres erreurs. Son triste cheminement la dégoutait.

A son jeune âge, Nadine n'attendait plus rien de cette vie faite de souffrance et de misère autant physique que spirituelle, si ce n'est sa fin. Pour elle, confesser son secret à quelqu'un serait la pousser à se détester davantage, l'amener à ne plus pouvoir se regarder en face. Tant qu'il était enfoui dans les oubliettes, elle pouvait faire semblant de vivre sans, elle pouvait se créer une autre personnalité ; pourtant, une fois révélé au grand jour, elle ne pourrait plus fuir et serait forcée d'assumer ses actes abominables devant tous.

Diane reconduisit Abeng dans sa chambre ; et ressortit tout de suite après l'avoir installée sur le lit, lui souhaitant une bonne nuit. Une quinzaine de minutes passèrent avant que Louis, le gardien de gare, vint la retrouver dans la pièce éclairée par une veilleuse, une épaisse couverture entre les mains. Alors qu'ils étaient seuls, Nadine, se sentant mal à l'aise face à cet homme qui l'avait vu dans un état déplorable baissa les yeux.

L'homme âgé à la mine joviale s'était assis à côté d'elle, fredonnant un air de musique. Abeng trouva alors le courage de lui demander pourquoi il l'avait secouru. Le cinquantenaire aux cheveux blancs changea subitement de visage et adopta un ton grave, dénotant le sérieux et l'authenticité des paroles qu'il s'apprêtait à prononcer : « Au moment où je t'ai vu étalée sous la poussière inconsciente, la jambe saignante et le corps tremblant, c'est moi que j'ai reconnu », lui dit-il avant d'étendre la couverture sur la jeune fille. « Ne pas t'aider et t'offrir asile auraient été comme fouler au pied la bonté et la compassion que Dieu a manifesté à mon égard, il y a de cela quelques années. »

Le père de famille interrompit son discours un instant, étendant la couverture sur toute sa largeur, jusqu'à recouvrir en partie Nadine qui en retira une agréable sensation de confort. Après avoir clos les fenêtres de la chambre et rabaissé ses rideaux, il s'assit sur le guéridon et reprit : « De même que Jésus m'a retiré du sable mouvant dans lequel je me débattais anxieusement près à rejoindre la mort et l'opprobre éternel, pour m'établir sur un appui ferme, Il en fera de même pour toi si tu crois en Lui. ».

A l'écoute de ce message plein d'espérance, Nadine encouragée sentit ses poils s'hérisser, son corps empreint de fatigue subitement envahi de chair de poule. Une vague de chaleur douce brûlait son cœur de l'intérieur, comme consumant sa noirceur, le purifiant de son doute, de son à priori, de sa haine et de sa colère vengeresse contre le monde et elle-même. Pour la première fois de son existence, elle était convaincue d'être aimée. A ce moment précis, elle éprouva fortement le désir de se jeter dans les bras de Louis qu'elle était venu à considérer comme le père idéal, d'éclater en sanglots, et de lui raconter en détail sa vie, afin qu'il lui pardonne.

Toutefois, elle n'était pas encore arrivée à se défaire de cette peur indicible qui l'empêchait de manifester ses sentiments profonds, d'ouvrir son cœur et de libérer les prisonniers de son passé ; craignant plus que tout que cette entreprise ne provoque au contraire le dédain de la famille Matong envers elle.

Nadine se renferma à nouveau, mais cette fois-ci avec peine, arrivant difficilement à se mettre dans la peau du personnage hypocrite de la jeune fille soumise acceptant docilement tout ce qu'on lui disait. Elle n'essaya plus de se persuader que l'homme était mauvais, car à présent tout en elle lui attestait le contraire. L'amour existait, il était réel, il pouvait être vécu. Elle l'avait vu, entendu et ressenti ces dernières heures, et les différentes émotions nouvelles et contradictoires se bousculant dans son être en émulsion pouvaient en témoigner.

Abeng avait séjourné dans différentes villes. Elle avait parcouru plusieurs pays, rencontré des individus de diverses races, classes sociales et obédiences religieuses ; pourtant, elle n'aurait jamais imaginé que ce fût dans un coin perdu du Cameroun qu'elle trouverait la pièce manquante à la mosaïque incomplète de son existence. Elle avait cherché dans ses voyages, dans l'ivrognerie, dans les excès, dans le sexe, auprès des grands comme des petits, des sages comme des ignorants, dans l'argent et le luxe, un sentiment qui finalement l'avait trouvé à l'improviste dans la modestie, l'humilité et la simplicité d'une famille anonyme.

Maintenant, les paupières d'Abeng, revenue à son état initial loin de toutes ses erreurs, étaient fermées, retenant péniblement le flot de larmes qu'elles contenaient. Quelques minutes avant, Matong lui avait souhaité une bonne nuit, et avait regagné sa chambre à l'autre côté du corridor pour la prière de la nuit avec sa femme. Abeng sans aucune explication se sentit diminuée, elle se sentit soudain vulnérable, éprouvant un besoin profond d'être protégée. Elle avait désormais envie d'avoir quelqu'un sur qui compter, quelqu'un qui pourrait lui tenir la main et l'accepter telle qu'elle était. Une personne qui l'aimerait véritablement et l'apprendrait à aimer ; un ami qui l'aiderait à se libérer d'elle-même et à être forte pour affronter la mort qui se dessinait au-devant d'elle : et si c'était ce Jésus dont lui parlait cette famille extraordinaire autant par leur discours que leur conduite exemplaire ?

La jeune fille aussi voulait partager ce nom, cette personne qui régnait en maître dans ce foyer. Elle désirait également goûter à cette paix, cette joie et cette quiétude que leur donnait la parole de Dieu lorsqu'ils la partageaient ensemble. Seule dans sa chambre, dans l'obscurité de la nuit, ses paupières s'ouvrirent et libérèrent des torrents d'eaux pleins de repentir et de regrets, qui se frayèrent un chemin au travers de son visage contrit et affligé. A présent, même si elle avait encore peur, Abeng voulait néanmoins connaitre ce Jésus qui différait tellement de celui dont elle avait entendu parler dans sa famille, à l'école, et au fil du temps ; ce personnage religieux, rattaché aux cérémonials et aux dogmes, éloigné de ceux qui étaient blessés dans leurs âmes, et incapable de panser leurs blessures. Après avoir essuyé ses larmes abondantes, elle enfouit son visage sous l'un des oreillers qui remplissaient le lit, et saisie de hoquet, implora sincèrement Jésus d'accepter d'entrer dans sa vie et d'en prendre soin. Nadine se sentant soudainement légère, caressée par un sentiment tendre, s'endormit d'un sommeil qu'elle n'avait jusque-là jamais expérimenté.

Le lendemain arriva, et Nadine, suite à une nuit paisible sans ses rêves et cauchemars habituels, se leva empreinte à une joie singulière qu'elle eut du mal à assimiler, tellement elle lui paraissait aux antipodes des pensées suicidaires et défaitistes qui tenaillaient son être de façon récurrente. Même si son corps meurtri et tremblant en manque de drogues adressait d'incessantes supplications à son esprit diminué, elle débordait d'une joie parfaite, sa chair et son cœur n'obéissant plus à la même autorité.

Abeng, pareille à une plume flottant au gré du vent se sentait incroyablement légère, pleine de vie, et si ce n'eut été sa maladie apparente, elle aurait pu se convaincre que ce corps frêle, se rattachant à ses os, appartenait à quelqu'un d'autre. C'est dans cette atmosphère de quiétude, mêlée à la fraicheur matinale et à la senteur suave des roses, qu'elle débuta sa journée, se redressant et s'adossant sur son chevet du lit. Au dehors, le soleil étalait ses rayons lumineux, et les oiseaux avaient commencé leurs interminables gazouillis, venant de temps à autre picorer sur le rebord de la fenêtre. La femme de la vingtaine avait dû dormir longuement, à juger la tasse de café posée sur le guéridon ayant perdue de sa chaleur, accompagnée de croissants, d'un verre de jus de fruits et de médicaments.

Diane avait également pris soin de déposer une brochure sur le côté du lit, au cas où elle s'ennuierait. La jeune fille n'y prêta pas attention, se contentant de prendre son petit-déjeuner, et par la suite se replonger dans ses pensées nombreuses et les différentes lamentations qui s'y rattachaient. Malmenée par les convoitises de sa chair, elle avait tôt fait d'oublier sa confession de la veille et se focaliser à nouveau sur les réalités environnantes, s'efforçant, malgré la paix qui enserrait ses entrailles, de se replonger de plus belle dans les craintes de son passé peu reluisant, sa dépendance aux drogues et ses doutes sur la personne même du Christ.

La droguée éprouvait de plus en plus le besoin de marijuana et d'analgésiques, son côté obscur la harassant, la persécutant jusqu'à ses derniers retranchements. Et une fois encore, laissant le dessus à ses propres démons, elle résolut de faire ses adieux à cette merveilleuse famille qui lui avait ouvert les bras, acceptant de partager son quotidien. Nadine avait repris des forces et se sentait mieux ; ainsi, dans deux jours, elle pourrait s'en aller et reprendre le cours normal de son existence, interrompu par l'entrée en scène de monsieur Matong.

Elle pourrait s'éclipser, avant de susciter la honte de cette famille, avant que sa maladie ne refasse surface et la foudroie à un tel point qu'elle ne puisse plus se regarder dans une glace. Déjà, celle qu'elle était n'était plus que l'ombre de la belle brune artificielle fardée et enveloppée de fioritures de son passé ; à plus forte raison l'image qu'elle donnerait dans quelques temps serait méprisable et méconnaissable. Alors que dans sa phase terminale, elle se retrouverait rongée par ce cancer qui avait élu domicile en sa chair. Au moins, la fin lui aurait permis de connaitre son visage naturel, Nadine ayant passé son temps à s'adapter aux circonstances ingrates de sa vie, ayant toujours cherché, dans le but de se fortifier face aux obstacles, à jouer un personnage qui n'était pas le sien.

Deux réalités diamétralement opposées se faisaient la guerre en son sein : d'un côté elle essayait de s'accrocher à cette joie embryonnaire dont elle faisait l'apprentissage ; de l'autre, ses anciens compagnons d'armes, symbolisés par le découragement et la douleur découlant de sa maladie et de ses secrets, l'amenaient à réfuter ce bonheur naissant. L'amour des Matong, leur bienveillance, ainsi que leur invitation à l'espérance de la vie en Jésus, n'ôtaient en rien le fait qu'elle soit séropositive, et accroc aux substances euphorisantes. Nadine, ressentait concrètement ses souffrances et préférait se confier au plus grand des menteurs, au plus habile des charlatans, afin que ce dernier lui fasse ne serait-ce que miroiter une guérison hypothétique.

Le samedi qui suivit sa perte de conscience et sa rencontre avec les Matong, Nadine, comme prévu, leur fit part de son désir motivé par des arguments mensongers de s'en aller. Et malgré leurs multiples instances, l'implorant avec douceur et amour de rester au moins jusqu'à la fin de son traitement, la téméraire ne voulut rien savoir. La longue nuit blanche qui succéda à ce diner de séparation fut marquée par une ambiance de cimetière d'une tristesse et d'un silence particuliers. Et comme si la nature elle-même partageait cette déchirure douloureuse, la lune, accrochée sous un ciel dépourvu d'étoiles, était invisible, vêtue de ténèbres épais. Dans le calme profond de minuit, Nadine, dans l'attente impatiente de l'aube, laissait échapper les larmes du regret du temps perdu en vain. L'adolescente naïve avait inconsciemment vendu ses années d'insouciance juvénile ; elle s'était prématurément dépouillée de la beauté grandissante et brute de l'innocence, pour se corrompre au profit d'un monde manipulateur. Maintenant qu'il lui avait malicieusement tout pris, la dépossédant de son éclat après un long moment par la ruse du plus grand des fourbes, il ne lui restait plus rien, mis à part le regret et la honte dont les assauts répétés avaient pour unique remède la mort. Aussi, elle se réservait une disparition rapide et brutale, loin du regard moqueur et inquisiteur, des lamentations hypocrites et des larmes de crocodile. Pourtant, il y avait encore et toujours de l'espérance.

En dépit de la mort de sa chair, une vague de réjouissance combattait encore et toujours la noirceur ayant établi sa seigneurie en elle. En effet, la jeune fille, même désillusionnée, pouvait se réjouir en son cœur d'avoir pu rencontrer l'amour véritable, d'avoir pu goûter le fruit exquis et agréable d'une famille unie autour des mêmes pensées. C'est ainsi que plusieurs heures passèrent et le jour se leva bientôt sur la petite ville. Après avoir pris son petit-déjeuner en compagnie de toute la famille, et raccourci l'au revoir dans le but de ne pas amplifier la mélancolie régnante, la jeune fille les quitta. Une fois dehors, une flèche lancée transperça violemment son cœur, lui dévoilant la perte de quelque chose de précieux. Nadine avait mal, elle croupissait sous le poids de sa peine. Cependant, elle ne pouvait plus faire marche arrière, décidée à suivre son instinct sur la voie tortueuse et détournée qu'il traçait devant elle.

Il était neuf heures du matin, au moment où Nadine fut déposée par un mototaxi à la gare routière de Doumé, transformée le temps d'un week-end en grand centre agro-pastoral. Un monde fou, venant des villages limitrophes à la commune rurale, fourmillait dans tous les azimuts de la place publique ; celle-ci plongée dans l'ambiance animée et confuse du vacarme assourdissant des vendeurs souhaitant la bienvenue en langue béti, mêlé aux cancans des vendeuses ambulantes portant des assiettes de poissons et de gibiers d'odeurs et de couleurs comme venues d'ailleurs.

La femme originaire du grand sud était vêtue d'une belle robe écossaise, que Diane avait pris le soin de sélectionner pour son départ au milieu des vêtements qui remplissaient la nouvelle valise de la jeune fille. Avant qu'elle ne se perde au loin, le vieux Louis l'avait aussi poursuivi, faisant quelques pas avec elle, lui glissant en plus de l'argent qu'elle avait déjà reçu, une enveloppe dans laquelle se trouvaient quelques billets pouvant lui permettre de tenir pendant quelques jours. Ici, la place du marché était constituée de trois hangars qui dataient de la préhistoire, enfouis dans la broussaille et chapeautés de toitures qui ne s'étaient pas encore envolées uniquement à cause des grosses pierres et branchages, leur écrasant les ailes. Plusieurs étalages de fortune en bois y étaient installés, présentant des vivres diverses et des fruits tropicaux étalés à même le sol ; le marché s'étendant ainsi jusqu'au carrefour du centreville, où étaient parqués les véhicules de voyages peu nombreux, se relayant sur la route chaque trente minutes.

Le dernier car avait pris la nationale depuis vingt minutes déjà, laissant à peine une poignée de temps à la jeune fille pour réserver sa place. C'est ainsi que Nadine se dirigea en boitillant vers le chauffeur de l'automobile aux portes ouvertes en stationnement ; un individu habillé avec négligence, la bedaine débordant aux milieux des deux derniers boutons de sa chemise n'arrivant plus à retenir cet amas important de graisse. Ce dernier était affalé paresseusement sur la banquette arrière de la fourgonnette reconvertie en taxi de brousse, contrôlant les faits et gestes des chargeurs qui arrimaient les plantains et les valises des passagers de part et d'autre du porte bagage aménagé au-dessus de la navette.

Abeng, à l'instant se souvint qu'elle avait condamné l'argent de transport à l'intérieur du sac par inadvertance ; et essayant de gagner du temps, elle plongea subséquemment sa main dans la poche extérieure de sa valise, et en fit ressortir l'enveloppe que lui avait remise le gardien de gare. Dedans, se trouvait la somme de deux cent mille francs recouverte grâce à un papier qu'elle jeta au sol. Une fois de plus, devant une telle générosité, la jeune fille remplie d'émotions resta figée durant un instant, regrettant amèrement sa décision immature et égoïste. La famille Matong en moins d'une semaine avait opéré dans son existence ce que le monde entier n'avait réussi à accomplir en deux décennies.

En son cœur, elle savait pertinemment qu'elle avait rencontré la solution à ses problèmes, mais refusait farouchement et délibérément de l'accepter, essayant encore de fuir l'amour et l'acceptation des autres, impatiente de s'autodétruire complètement, de finalement se libérer de ses douleurs et de son chagrin au-travers de la mort. C'est ainsi que la jeune fille retira cinq milles qu'elle donna au chauffeur. Ce dernier, se redressant péniblement, s'étira et bailla telle une carpe, tirant par la suite d'un facturier sale et usé, le coupon de voyage de Nadine ; sur lequel il mentionna son nom et le montant du remboursement devant lui être rendu à destination. Le personnage bien en chair fouilla dans sa chaussette, puis retira un plastique dans lequel il enfouit l'argent de la voyageuse.

La maladive, dans le but de passer inaperçue, s'apprêtait à rejoindre la banquette arrière du véhicule réaménagé pour douze personnes encore à moitié-vide, lorsqu'une dame l'interpella. Cette dernière lui tendit un papier en lui demandant s'il lui appartenait. C'est alors qu'en le dépliant, Abeng se rendit compte que le papier dont elle s'était défaite par inattention était en fait une lettre manuscrite. La jeune fille reconnaissant qu'elle lui appartenait, rejoint aussitôt sa place au fond, décidant de mettre à profit les quelques minutes qu'il lui restait avant le départ pour Bertoua, dans la lecture de la missive.

La lettre était propre et sans aucune rature, exprimant le temps et le sérieux que son rédacteur avait montré pour la mettre en forme. Longue de plusieurs lignes symétriques les unes par rapport aux autres, comme dans une poésie, elle s'articulait ainsi :

« Nadine, lorsque tu liras cette lettre, il est probable que tu sois déjà très loin, à la recherche de quelque chose que nous n'avons vraisemblablement pas pu t'aider à trouver. Peut-être est-ce mieux ainsi. Toutefois, ce départ soudain et prématuré me laisse triste, car

j'aurais aimé mieux te connaitre, j'aurais aimé te voir sourire et vivre dans la liberté et la joie qui t'ont manquées jusqu'ici. Pour ma part, si de mon côté je n'ai pas eu cette chance de te voir exorciser les démons de ton passé, j'aimerais te raconter mon histoire. Je prie que ce témoignage puisse t'aider, et te permettre de savoir que tu n'es pas seule. Peu importe tes souffrances, peu importe les erreurs impardonnables, il se trouvera toujours quelqu'un qui, ayant été soumis aux mêmes tribulations, te comprendra et t'acceptera tel que tu es.

Mon histoire remonte il y a cinquante ans. Je n'ai jamais connu mon père ; et ma mère, qui était revendeuse de plantains au marché de vivres d'Essos, a été pareille à une inconnue. Tellement, j'étais répugnant à ses yeux. J'ai grandi à ses côtés, beaucoup plus comme un caillou dans sa chaussure que son enfant, m'abreuvant de ses reproches, invectives et malédictions ; car à chaque fois qu'elle me voyait, je lui rappelais le pire de ses cauchemars. Je faisais remonter le souvenir de cet homme méchant et égocentrique qui l'avait abandonné au profit d'une autre, au huitième mois de sa grossesse.

Cependant, ce motif n'était qu'un parmi tant d'autres. En effet, la raison majeure de cette haine farouche à mon égard était beaucoup plus liée à l'impact que j'avais sur les personnes qui l'entouraient. Tout d'abord sur sa propre famille, qui commença à s'éloigner de nous, du fait que je leur disais des choses les concernant, qu'ils pensaient pourtant faire dans le secret. Ces derniers n'arrivant plus à supporter ces vérités venant d'un garçonnet et qui les jugeaient dans leur conscience, se mirent à me qualifier de sorcier. Ensuite, vint le tour de ses conseillers favoris, en la personne des marabouts du quartier, qu'elle consultait assidûment ; ces derniers se mirent à la chasser à chaque fois qu'elle m'emmenait avec elle lors de ses consultations nocturnes. Ceci expliquant cela, au bout d'un certain temps, probablement à l'instant où elle me sentit capable de me débrouiller, ma génitrice décida de se débarrasser de ce fardeau indésirable et pesant que je constituais à son encontre. Je me rappelle encore de ce jour mémorable qui me saigne le cœur comme si c'était hier.

C'était un dimanche de pâques aux environs de treize heures. La messe dominicale venait de sortir et ma mère, habillée d'une longue robe noire sous une tête enrobée d'un foulard portant l'effigie de la « vierge Marie », semblait être plus empressée que d'habitude. Celle-ci me fit savoir que nous devions voyager pour notre région d'origine à l'ouest de Cameroun. C'est ainsi que sans aucun bagage, nous nous déportâmes au terminus de Mimboman, à proximité d'un carrefour au trafic important. Prétextant s'éloigner un moment pour acheter nos billets respectifs de voyage, elle disparut définitivement de cette agence et de mon existence jusqu'à ce jour. J'avais alors quatre ans et me retrouvais abandonné à moi-même dans l'une des plus grandes villes du pays.

Pendant plusieurs heures, je restais là impatient, surveillant les moindres allées et venues, regardant à gauche et à droite, en espérant voir apparaitre la longue robe noire de maman ; mais bientôt je fus désillusionné, alors même que la nuit glaciale avait étendu ses tentacules sur la station. Je peux t'avouer que le sentiment que je ressentis à ce moment précis me terrifia, et depuis je me suis juré de ne le faire endurer à personne. J'étais terrorisé et anxieux, environné d'ombres inconnues qui passaient devant moi, insensibles et parfois *intriguées par ce petit bout d'homme dans l'isolement, mais sans plus. Ce fut ma première nuit « à la belle étoile ».*

Assis sur le banc public où maman m'avait abandonné, le Seigneur, alors que je ne le connaissais pas encore, réveilla mon esprit de gamin, et me fit observer attentivement le fonctionnement des « enfants de la rue » comme on les appelait, qui se battaient pour survivre dans ladite zone. Je me rendis alors compte que je n'étais pas le seul à être orphelin, et devais rapidement apprendre à voler de mes propres ailes. Par conséquent, emboîtant le pas à ces débrouillards plus âgés que moi, je me mis à ramasser les bouteilles en plastique abandonnés par les voyageurs, pour les revendre plus tard aux boutiquiers musulmans des environs, qui les utilisaient pour y mettre un lait de fabrication artisanale connu sous le nom de « kossam ».

Dans la nuit, alors que la gare était fermée et que je m'étais rassuré qu'il n'y avait plus personne, avec le concours des gardiens, je trouvais refuge à l'intérieur des véhicules hors d'usage abandonnés dans le parking, recourant aux tapis poussiéreux et déchiquetés de leurs malles arrières pour me couvrir. Ce n'est qu'à ce moment précis que, dans le silence et la solitude, je me nourrissais, lorsque la journée avait été infructueuse, des déchets recueillis dans les sacs à ordures laissés près des rôtisseries de porcs aux entrées des nombreux bars du carrefour.

C'est sous un ciel d'airain que je passai ma prime enfance, végétant dans la vente de bouteilles en plastique, bientôt remplacée par celle de friandises. Ces journées de dur labeur douloureuses et harassantes pour mon jeune âge se succédèrent, pourtant les forces ne me manquèrent point. Je ne sombrai jamais dans l'abattement ; l'âpre combat pour ma subsistance n'eut jamais raison de moi. Seul aux yeux des hommes, misérable et abandonné à mon propre sort, quelqu'un veillait sur moi. A mon lever mes membres étaient affermis, à mon coucher, malgré la fatigue et les intempéries, plusieurs caressaient mon visage.

Aujourd'hui, de cette période je n'ai gardé aucun mauvais souvenir, ne gardant aucunement dent à qui que ce soit ; car ce fut le moment où Dieu se manifesta véritablement dans ma vie, partageant mes joies et mes peines, sans jamais me délaisser.

C'est ainsi qu'au fil des années, plus précisément quatre ans après, mon mode de vie s'était amélioré. L'enfant de la rue vagabondant à des heures indues telle une ombre dans les recoins malfamés de Mimboman et ses environs, en quête de quoi se mettre sous la dent, pouvait désormais dormir sous un toit, même si il partageait encore son lit avec quelques de ses compagnons de service. Quoique sa situation reste précaire, le garçon de huit ans que j'étais pouvait à présent s'offrir un plat de riz et de poisson, un bol de bouillie chaud dans la nuit froide, accompagné de beignets et d'haricots, grâce aux cotisations qu'ils faisaient à la fin du mois. Cette vie de débrouillardise perdura encore des années après, jusqu'à ce que j'atteigne mes douze ans.

C'était un jour de mars, dont je me rappelle encore comme si c'était hier. J'avais parcouru une dizaine de kilomètres depuis mon point de départ, sans pouvoir vendre ma marchandise. Les classes étaient sorties, et les élèves du secondaire avaient envahi les rues encombrées de Yaoundé. Espérant quelques pièces venant de leur part, j'arpentais les trottoirs jouxtant les établissements scolaires sous un soleil caniculaire, lorsque quelque chose d'insolite arriva.

Au moment où je me trouvais sur la chaussée, entre les véhicules en file indienne faisant le ramassage des écoliers, leur proposant en plus des bonbons et des biscuits, de l'eau en sachet et des mouchoirs, une automobile noire Mercédès vint marquer un arrêt à ma hauteur. Dans un premier temps, pensant que j'obstruais la voie au chauffeur, je rejoins le trottoir, le temps qu'il continue dans sa direction. Mais à ma grande surprise, l'engin vrombit et serra à l'accotement tout près de moi. Je fus alors apeuré et accélérai le pas, essayant d'approcher les agents de police chargés de la régulation, dans le but de trouver auprès d'eux une éventuelle protection. Cependant, à mi-chemin, la berline me bloqua carrément la route, faisant en sorte que je ne puisse plus avancer d'un pas. Dès lors, empreint d'une once de curiosité, je ne me fiai ni à la crainte, ni à la suspicion qui abondaient en moi, restant immobile en attente de la réaction du conducteur du véhicule aux vitres levées. C'est alors qu'un homme soigné fit irruption du carrosse, suivi de sa femme assis côté passager. En me voyant, le quinquagénaire aux cheveux noirs et blanc, le visage joyeux aux yeux illuminés cernés de pochettes, se retourna vers sa compagne en lui demandant si c'était bien moi. La dame gracieuse aux beaux atours répondit par l'affirmative à sa préoccupation en hochant de la tête.

J'étais encore tout jeune et craignais alors que cette interpellation ait pour motif un vol, ou comme dans la plupart des cas, tout autre forfait commis par un tiers qu'on m'attribuerait aisément du fait de ma qualité de moins que rien. Toutefois, je fus rapidement rassuré quand mon vis-à-vis se présenta. Ce dernier, qui était un homme de Dieu, me dit que celui qu'il servait l'avait envoyé auprès de moi pour me récupérer, me faisant comprendre que j'avais une grande œuvre à accomplir pour la gloire de Dieu ; si bien que sans plus me questionner, j'entrais dans le véhicule luxueux. Tu pourrais me demander comment j'ai pu prendre place dans cette automobile en stationnement ; comment j'ai pu suivre à l'aveuglette cet homme au langage mystérieux, dont je ne connaissais ni le nom, encore moins le passé ; mais je ne saurais te répondre. Ce fut un choix que je fis, sans emmétrer le moindre raisonnement, sans faire preuve de réalisme. Je le fis parce qu'en moi-même, ma conscience m'attestait que c'était le bon. Je me suis par conséquent jeté à l'eau ; et depuis n'ai jamais voulu en ressortir. Jusqu'à présent, ce choix et ce qu'il m'a apporté comble ma vie et la rend merveilleuse ; de telle sorte que je n'ai jamais eu une seule raison de le regretter jusqu'à ce jour.

La maison de l'homme de Dieu était une luxueuse villa à un niveau, comportant plusieurs pièces en enfilade, entourée d'un verger et d'un poulailler. Le maitre des lieux fit avec moi le tour du propriétaire, à la suite duquel il me conduisit dans la chambre que j'allais occuper pendant plusieurs années. À l'intérieur de la vaste pièce au décor musical, fait d'instruments à cordes, à clavier, et à vent, et de plusieurs tableaux suspendus sur un mur aux peintures ornementales représentants de grands artistes ayant marqué les deux derniers siècles dans le milieu artistique, je fus complètement dépaysé. Tout dans cet environnement semblait être une découverte nouvelle pour moi. Je n'avais jamais vu, ni même rêvé de dormir sur un lit rembourré avec une tête capitonnée. Il ne m'était jamais venu à l'idée qu'un jour je changerai mes brins de toilettes, pris dans différents sources d'eaux et marigots de Yaoundé, par une salle de bains moderne avec baignoire et lavabo.

 Durant les premières semaines, cette vie neuve me sembla être de trop, si bien qu'à chaque repas de la journée qu'on me servait, j'avais de la peine à achever mon assiette, n'étant pas habitué à manger suffisamment et dans de telles conditions. C'est dans ce cadre-là que je fus instruit dans la connaissance de Dieu et le témoignage de Jésus-Christ. Si je te disais que je n'ai jamais connu le véritable nom de cet homme de Dieu tu ne me croirais pas ; mais ce fut ainsi. Très vite, ce dernier m'avait habitué à l'appeler papa ; et je me conformai à cette exigence de sa part. Aussi, ce père que Dieu me donna m'enseigna l'amour et la bienveillance. Il m'inculqua les principes de Dieu, la vertu, la piété, le sacrifice de soi pour les autres, la miséricorde et la patience. Je peux affirmer sans l'ombre d'un doute que c'est grâce à son aide et sa présence permanente que j'appris à connaitre ma vrai valeur, qui j'étais réellement, et quelle importance j'avais aux yeux de mon créateur.

 A chacun de ses voyages à l'étranger, alors qu'il était invité dans certaines églises de la sous-région d'Afrique centrale, il ne manquait pas de me mettre dans ses bagages. Par conséquent, je me familiarisais avec le monde religieux, avec les hommes d'église influents de ladite zone, fréquentant les pasteurs, prophètes, évangélistes et apôtres les plus connus de la francophonie noire. Et au fur et à mesure, sous l'ombre de mon père, je prenais goût aux honneurs qui lui étaient attribués par les fidèles.

 Je voulais lui ressembler, avoir son charisme, son éloquence, arborer la même image soignée et entretenue qu'il revêtait en public. Avec le temps et le concours de mon père, je commençai à me créer mes propres relations. Fort du don de prophétie que ce dernier avait réussi à travailler et révéler en moi, je réussis à me faire accepter des associations actives chrétiennes, constituées de jeunes, pour la plupart les enfants des dirigeants, qui devaient assurer la relève. A ce moment, m'encourageant sur cette lancée, à chaque fois qu'il officiait dans l'église dont il était le pasteur principal à Yaoundé, ou lorsqu'il se déplaçait, il s'arrangeait à me donner un temps de parole, afin d'exercer mon ministère.

 Bientôt, je commençai à être reconnu en ma qualité de prophète, et des invitations provenant de la sous-région commencèrent conséquemment à affluer à mon encontre. J'étais un adolescent de dix-neuf ans, fougueux et plein de vie, pensant servir Dieu et le glorifier au-travers de toutes les personnes qui s'étaient mises à m'entourer et qui m'appréciaient ; et pourtant, je ne faisais que servir les hommes et me servir des autres.

 Le dessein véritable de ma vie me fut révélé à mes vingt ans. C'était un samedi. Alors que je m'apprêtais à voyager avec un groupe de jeunes pasteurs pour le Congo, en cours de route je fis un songe où un homme m'interdit formellement de faire ce voyage, m'ordonnant de rester au Cameroun, afin d'accomplir la mission qui m'était dévolue. Sur le coup, et au grand dam de mes collègues incompréhensifs, j'abandonnai mes envies de devenir un grand prophète des nations, mes ambitions démesurées d'églises à travers le monde, le désir d'être honoré, apprécié et vénéré des hommes. Avec l'argent que j'avais pu me faire entretemps, je quittai ma maison d'accueil, pour me soumettre entièrement à la conduite de Dieu.

C'est ainsi que j'ouvris un kiosque d'appel téléphonique dans un marché de la place, où je pouvais également vendre des marchandises allant de l'alimentaire au cosmétique, en plus de parler de Jésus-Christ aux autres. J'aurais pu, avec l'argent que je possédais, m'offrir mieux que cela, toutefois lorsque le moindre désir d'élévation traversait ma pensée, j'étais réprimandé aussitôt, appelé par la voix qui me conduisait à être en contact avec ceux qui étaient disposés à entendre la parole, faisant preuve de discrétion et d'humilité. C'est ainsi que je vécus jusqu'au moment où l'Eternel décida de donner une autre orientation à sa voie dans ma vie.

Cet appel divin se concrétisa lors d'un de mes voyages pour Douala, où j'achetais ma marchandise chez un grossiste du marché Nkololoun, afin de l'écouler à Yaoundé. Dans le bus à un étage qui nous transportait une centaine de personnes, alors que j'étais assoupi, je vis au second niveau un homme qui souffrait énormément de sa jambe droite, et sur lequel Dieu voulait manifester sa puissance. Me réveillant au terme de cette vision onirique, je gravis l'escalier qui menait au-dessus, puis regardai sur la première rangée à proximité de la cabine du chauffeur. Il ne me fallut pas longtemps pour repérer l'individu de mon rêve ; à la seule différence que dans la réalité, celui-ci ne se tordait pas de douleur, se comportant comme le reste des passagers.

Ayant une ferme assurance en ce que j'avais vu je m'approchai et lui dit que Jésus m'avais envoyé auprès de lui pour qu'il retrouve la guérison. C'était un homme distingué, vêtu d'un gant luxueux de trois pièces et d'une chéchia aux broderies orientales faites à la main, dénotant le raffinement de son propriétaire. Je ne sais pas ce qu'il pensa à ce moment précis, mais un calme plat plana quelques minutes au-dessus de nos têtes. Ce fut une période pendant laquelle moi-même je ne sus que penser, étant le seul qui n'était pas assis au milieu d'une soixantaine de personnes, et de surcroit dans un véhicule en mouvement.

J'aurais pu me tromper ; mais heureusement ce ne fut pas le cas. Le commerçant originaire du nord me fit savoir qu'il était surpris que je connaisse son état de santé. Cependant sa mine trahissait une grande suspicion en même temps que ses paroles témoignaient de la méfiance ; ayant été à plusieurs reprises dupé par des sorciers et des marabouts de tout bord, sans oublier la foule innombrable « d'hommes de Dieu », étant plutôt des disciples de Mammon, qu'il avait côtoyés dans diverses maisons et églises. Pourtant, d'une façon inexplicable, comme convaincu par sa propre conscience, le voyageur inconnu ne réfuta pas mes dires, acceptant au contraire mon aide.

C'est ainsi qu'il m'hébergea à Douala et s'occupa de moi tout au long de son traitement. Je me mis alors à prier pour lui et à lui enseigner la Parole de Dieu, lui prêchant l'amour et le pardon, quand la nuit tombée avant de dormir j'oignais son pied malade. Au bout du troisième jour, au lieu que sa condition s'améliore, ce fut le contraire. La situation avait plutôt empirée, la douleur s'étant accrue simultanément avec l'augmentation du volume de sa tumeur. Le nordiste, sombrant le temps d'un instant dans le découragement, s'irrita vertement contre moi, et me menaça de m'enfermer en usant de ses moyens et de relations.

De mon côté, j'avais foi en Celui qui m'avais tiré des trottoirs de la ville et de l'abri des véhicules pour une vie plus stable. J'étais convaincu que d'une façon ou d'une autre Il se glorifierait encore et toujours. C'est pourquoi, sans douter je l'encourageai à garder l'espérance ; cela sans se fier aux réalités, ni aux souffrances, seulement à cette voix en lui qui lui disait que c'était possible qu'il soit guéri. Une fois de plus cet homme, même diminué, malgré le mal qu'il ressentait m'accorda sa confiance et continua avec moi dans les prières et la lecture de la parole. Et au bout du quatorzième jour, la tumeur qui avait considérablement fait enfler tout son membre inferieur sembla exploser de l'intérieur, faisant jaillir de ses blessures un pus épais et sanguinolent en plein massage.

 À ce moment précis, je reçus dans l'esprit instruction de poser ma main sur le pus, puis de rendre grâce au Seigneur pour ce miracle. Ce que je fis aussitôt. Les jours qui suivirent, je nettoyai les plaies, qui s'asséchèrent progressivement jusqu'à ce que sa jambe toute entière retrouve la santé complète. Un prodige avait été accompli dans la vie de cet homme, qui convaincu de sa guérison, sans m'informer, ni me demander mon avis, m'acheta un terrain titré, dans un quartier huppé de la capitale politique du pays, avec en plus un chèque de cinq millions. Et craignant que je refuse ce don généreux, ce n'est que trois mois après notre séparation qu'un de ses commissionnaires me fit la surprise de ce remerciement particulier. Je t'avoue que ce fut la première fois pour moi d'avoir une telle somme d'argent, rien que pour moi. Je pouvais tout en faire sans me soucier d'un quelconque déficit ou d'une perte à combler, puisqu'elle m'avait été donnée sans que je ne fasse aucun effort. Pourtant, restant à l'écoute de cette voix qui me dirigeait de jour comme de nuit, je me mis à construire une maison de prière sur le dit terrain, n'oubliant cependant pas d'en retrancher une partie afin de venir en aide à quelques orphelins que j'avais connus à la gare de Mimboman et que j'avais pris l'engagement d'héberger.

 Je compris suite à ce passage de ma vie que le Seigneur attendait quelque chose de différent. Il nourrissait à mon encontre des projets autres que ceux de ressembler à mes prédécesseurs dans la foi. Il voulait que je le serve différemment que mes pères, ceux-là même que j'étais venu à considérer du fait de leur aura comme les exemples à suivre. Je devais être sa lumière dans ma vie de tous les jours, l'honorer par ce qui sortait de ma bouche, par mon comportement, par mes relations avec mes semblables, et par toutes mes actions, même celles qui s'opéraient dans mes pensées. J'avais appris que le don de soi-même à Dieu et aux autres était plus qu'un geste de l'instant. Donner devint pour moi l'engagement pour la vie envers quelqu'un. L'introduction dans sa vie était une occasion de lui témoigner la lumière de Dieu en son Fils Jésus, lui dire qu'il y avait en ce nom la vie et la joie, mais encore une espérance véritable de choses ineffables que personne n'a encore vu.

 La maison que je construisis fut ouverte à tous. Elle abritait les démunis et les orphelins qui en étaient informés de bouche à oreille ; elle faisait également office de lieu de réunion aux personnes voulant partager la vérité en Christ, la foi en la parole de Dieu qui nous était commune. C'est ainsi que je commençai l'œuvre pastorale, par la prédication associée à l'assistance des nécessiteux et des faibles dont je pouvais mieux comprendre les doléances que d'autres, du fait de mon passé misérable.

 Au début, les jours ouvrables, alors que mes colocataires sortaient pour vaquer à leurs occupations, je me tenais devant les dix bancs vides de la pièce de cinq mètres carré renfermant notre petite église, et prêchait la bonne nouvelle du royaume des cieux de toute ma force, faisant parfois l'objet des rires et des moqueries des passants. Ensuite, clôturant mon sermon, je donnais l'offrande, la consacrant à la gloire de Dieu et à sa mission. Je fis ainsi pendant un mois et demi jusqu'à ce que l'extérieur se mette à porter de l'intérêt à ma hardiesse.

Une femme de la vingtaine que tu me rappelles énormément, belle d'apparence mais pourtant triste et vulnérable intérieurement, se présenta à moi. Elle recherchait la santé, souffrant d'une inflammation nerveuse qui menaçait sa vue et la rendait trouble de jour en jour. Je pense que ce fut beaucoup plus par découragement qu'elle vint vers moi ; car si à ce moment précis elle avait eu une autre solution, elle ne m'aurait pas approché. Je lui avais inconsciemment recommandé par une connaissance du voisinage, ironisant sur la folie qui suivait l'adhésion en la croyance en Jésus, en me prenant pour exemple palpable. Et ce sentiment partagé par le commun des camerounais était tellement répandu, que ce fut avec peine qu'elle s'empêcha d'éclater de rire, attendant que je lui tienne le même sermon flatteur que tous les pasteurs et hommes de Dieu qu'elle avait consultés à prix d'argent jusqu'ici.

Mais avant même qu'elle ne m'expose son problème, Dieu me le révéla tel un film, dont la pellicule se déroulait en face de moi. Je lui fis instamment part de l'origine de son mal, un traumatisme qu'elle avait eu lors d'une altercation violente entre son père et sa mère. Au cours de celle-ci, suite à une bousculade, sa mère qui la tenait, l'avait malencontreusement laissée tomber par terre. L'Hôpital ne pouvait rien faire pour elle, parce qu'au niveau où son mal se situait, une opération même était inenvisageable. Son rétablissement dépendait de Dieu, avec pour seule condition qu'elle de son côté apprenne et veuille le connaître en acceptant le témoignage de Jésus dans sa vie.

Au sortir de cela, la rumeur grandissante d'un prophète puissant et authentique se répandit dans mon quartier et au-delà ; de telle manière que bientôt la petite église de cinq bancs grouillait de fidèles, pouvant être évalués à une cinquantaine de personnes. Cependant, dans ce vent de reconnaissance, il n'y eut pas que des gens simples désireux d'entendre la parole ou de bénéficier des grâces excellentes de Dieu qui se présentèrent à moi.

Très vite, je commençai à être visité par des hommes bien mis, toujours en escorte d'au moins cinq véhicules flambants neufs, exhibant le faste et la richesse de façon ostentatoire. Ces derniers procédèrent tout d'abord par des entrevues cordiales à la fin des réunions de l'assemblée, m'encourageant et appréciant mes discours et mon charisme. Puis, s'en suivirent des propositions de dons en espèces de plusieurs millions de franc CFA que le Seigneur me mit toujours à cœur de refuser poliment.

Une nuit aux environs de minuit, ils vinrent cette fois-ci avec une mallette contenant la rondelette somme d'un milliard et cinq francs. Toutefois, à cette occasion, au lieu de se cacher derrière l'étiquette de frères en Christ ou de chrétiens nés de nouveau, ils dévoilèrent ouvertement leur identité de satanistes. Ils ouvrirent devant moi un grand registre noir dans lequel figuraient, écrits au sang, les noms de grands hommes de Dieu du pays et de la sous-région, qui avaient pu agrandir leurs églises, et gagner en fidèles uniquement par leur *concours financier et mystique. Je déclinai à nouveau leur offre ; mais ces derniers ne supportèrent pas cet énième refus, me promettant une mort prochaine.*

Deux jours plus tard, ils essayèrent de mettre cette menace à exécution. Aux environs d'une heure du matin, ils s'introduisirent de force dans la demeure avec des hommes armés jusqu'aux dents. Ceux avec lesquels je restais dans la maison furent maitrisés, quand moi-même après être cagoulé, fut enlevé à bord d'un de leurs véhicules. Le capuchon me fut ôté au bord du lac municipal de la ville de Yaoundé, puis on m'entraîna à l'extrémité de son ponton, prêt à être précipité dans l'eau calme et noire qui me tiendrait lieu de sépulture. La zone retirée et peu fréquentée à pareille heure de la nuit était envahie d'un silence de cimetière, sans âme qui vit, et le vent glacial, qui faisait bruisser les grands arbres jouxtant l'étang semblait présager la mort.

Trois hommes en armes me maitrisaient par les mains, attendant manifestement l'ordre de leur commanditaire, un individu habillé tout de noir qui se tenait en face de moi, pour me balancer dans les ténèbres de l'oubli. Les autres satanistes étaient demeurés dans leurs véhicules, impatients de s'en aller une fois la sale besogne accomplie. Et une dernière fois, il me fut proposé de rejoindre le groupe occulte et maléfique, avec pour unique issue la mort en cas de refus. L'un des criminels avait posé son pistolet automatique sur ma tempe, faisant frissonner mon corps en contact avec le métal glacé.

À ce moment précis, quelque chose d'inattendu et d'extraordinaire se produisit. Bien que faible et envahi d'une peur innommable, je me sentis soudain réconforté par une force qui me brûlait intensément de l'intérieur. C'est alors que j'invoquai à haute voix le nom de Jésus, et leur dit que cette mort n'était pas pour moi mais pour eux. À la seconde même, comme poursuivis par une armée de fauves déchaînés, les quatre hommes obscurs et menaçants prirent leurs jambes à leurs cous, et disparurent à la vitesse d'un éclair.

Suite à cette expérience marquante de ma vie, je décidai de quitter la capitale. Sans demander mon reste, je pris la route en direction de l'Est, disposé à m'établir où le vent me conduirait. Une fois à Doumé, après la courte escale d'une quinzaine de minutes que nous marquâmes, quand je m'apprêtais à remonter dans le car, une femme âgée me supplia de lui laisser ma place, devant rejoindre Bertoua pour entrer en possession de sa pension retraite. C'était le signe que j'attendais. Doumé était mon point de chute.

Avec mes économies, je commençai par louer un studio pas cher, en attendant faire la découverte de la ville et trouver du travail. Dans cette maison, du fait de ma joie de vivre et de ma simplicité, le tout cumulé à ma qualité de citadin, je me mis à recevoir les visites intempestives des jeunes voisins du camp, et plus particulièrement celles de la fille unique de la bailleresse. Ce qui me frappa premièrement sur elle fut son grand cœur et son innocence. Lorsqu'elle avait fini de s'occuper de sa génitrice qui était veuve et malade, elle m'aidait dans l'entretien de la maison, s'arrangeant à ce qu'elle soit propre aux alentours. Pour lui témoigner de ma gratitude, de mon côté, les week-ends, je la répétais sur la grande cours qui séparait nos deux habitations, l'aidant aussi dans ses tâches domestiques et emplettes.

Nous devînmes rapidement les meilleurs amis au monde. Dans la mesure du possible, je lui racontai la vie de Jésus et l'invitai à le connaitre, afin de goûter à son amour incommensurable. Nous passâmes ainsi deux longues années, au cours desquelles j'obtins mon travail de gardien de gare et devins pour les deux femmes qui m'avaient accueilli, pareil à un membre de la famille. Nous nous étions mis à veiller les uns sur les autres, à nous partager nos repas, à affronter les difficultés de la vie ensemble.

Avec le temps, les sentiments d'amitié que j'avais pour cette jeune fille évoluèrent en profondeur lorsqu'elle m'avoua les larmes aux yeux qu'elle avait décidé de confier sa vie à Jésus-Christ ; et à chaque fois que je pensai à mon propre foyer c'est elle qui m'apparaissait. De prime abord, je lui dissimulai cet amour ; toutefois, Dieu me conforta que c'était réciproque, le jour où sa mère me fit savoir en ironisant qu'elle n'arrêtait pas de m'encenser auprès d'elle.

Fort de cette révélation, je lui avouai publiquement mon souhait de l'épouser. Par conséquent, un semestre passa et je demandais la main de Diane ; et quoique je n'ai pas de grandes richesses, notre parente commune ne s'y opposa pas. Elle m'avoua bien plus tard qu'elle était convaincue que je serais le meilleur mari pour sa fille, que je l'aimerais, parce qu'elle était non seulement ma sœur, mais aussi mon amie. Depuis le temps est passé, les années se sont succédées les unes après les autres. Nous avons eu deux merveilleux dons du ciel, et l'Eternel n'a cessé de combler tous nos besoins en faisant de nous les ambassadeurs de son amour, de sa paix et de sa joie partout où nous nous trouvons.

C'est là le témoignage de ce vieil homme gardien de gare que le Seigneur t'a permis de rencontrer par la nuit d'un district perdu dans le fin fond du Cameroun. »

Nadine, avait tellement été absorbée par la profondeur et la sincérité de la missive, qu'elle ne s'était pas rendue compte du passage rapide de la douce averse s'étant écoulée sur la place du marché public ; laissant derrière elle un ciel bleu maculé de nuages épousant la même couleur. Des petits oiseaux, se nettoyant les ailes et planant portés par le vent, essayaient de voltiger le plus haut possible ; exprimant leur gaieté de vivre par des gazouillis se perdant dans le vacarme de la place bondée de monde, qui avait repris de plus belle. Un vent frais apaisant avait envahi le car, berçant la jeune fille dans le monde des pensées ; bien qu'elle ne fût pas encore arrivée à son terme, les quelques mots que la sudiste avait eu à lire suffirent pour la briser complètement en mille morceaux impossibles à rassembler.

En voyant cette famille joyeuse, elle était loin de savoir par quoi elle était passée pour atteindre ce bonheur. Et si pour elle il y avait également une fin joyeuse ? Si au-delà du gouffre dans lequel elle se trouvait il y avait encore de l'espérance, il se trouvait encore un possible salut ? Abeng se souvint de la lueur qui s'était allumée alors qu'elle demeurait chez les Matong. Elle la rechercha avec empressement dans son être et la retrouva à sa plus grande joie. Si elle était toujours là, alors Dieu ne l'avait pas abandonné. Il lui tendait encore la perche de son amour, lui offrant le choix entre se laisser mourir dans la tristesse et le découragement, ou se délivrer de ses propres erreurs, des tares et des dérives de son passé pour vivre.

Nadine balaya furtivement le véhicule du regard, et se rendit compte qu'il était quasiment plein. Au dehors, les revendeuses du marché déballaient à nouveau les vivres qui avaient été protégées de la pluie sous de longues bâches blanches prévues à cet effet ; quand l'aide du chauffeur criait à gorge déployée, en vue d'attirer de potentiels voyageurs pour faire le plein du bus. C'est alors qu'elle se plongea dans la dernière page de la lettre.

« Maintenant Nadine, j'aimerais clôturer en te parlant de cet homme connu sous le nom de Jésus. Il n'est pas que sauveur de l'humanité, mais Il est aussi le but même de la création du monde. Notre existence sur cette terre éphémère n'est rien d'autre qu'un pèlerinage précédant la vie véritable, qui se passera soit dans la souffrance, les regrets et les lamentations, soit dans le bonheur. En fait, nous traversons juste un test sur cette terre. L'homme n'est pas de chair, étant esprit et âme. La chair et son temps d'action sont passagers, quand l'esprit et l'âme sont appelés à vivre à perpétuité. Dis-moi sur soixante ans d'espérance de vie, combien de temps passes-tu dans le sommeil, dans la maladie, les voyages, les moments de loisirs à regarder la télévision ? Combien de temps de cette période ont pris tes études scolaires maternelles et primaires alors que tu n'étais qu'un enfant insouciant ?

En vérité nous avons peu de temps pour justifier de notre appartenance à la vie ou à la mort ; peu de temps pour faire le choix en vue de notre éternité. La Parole de Dieu nous a créés pour l'adorer, souffrir pour elle, afin d'hériter le couronnement après l'affliction. Elle est le seul et l'unique but de notre prompte escale sur cette terre. Peu importe notre état de santé, notre situation sociale, les épreuves par lesquelles nous sommes passés, les offenses qui nous ont affligés, et celles que nous avons causées aux autres, si on n'atteint pas cet objectif, alors tous nos efforts, nos pleurs, nos espoirs sont vains. Mais lorsqu'on a atteint la Parole, je veux dire lorsqu'elle s'est fait connaître à nous, que ce soit sur un lit d'hôpital, à l'article de la mort, ou encore au sortir d'une expérience malheureuse et traumatisante, on a franchi la finalité de notre passage sur cette terre. Et avant même que nos quelques années de fumée s'évanouissent dans le néant, on entraperçoit déjà notre royaume, notre vie éternelle de joie, de paix et de quiétude, ceci au-travers de l'amour de notre Créateur.

La vie authentique commence après la mort selon nos peurs, nos hontes, nos convoitises, au moment où la lumière en laquelle nous avons été engendrés prend racine en nos cœurs. Peu importe ce que tu as fait dans ton passé, peu importe ce que tu feras durant les années à venir, la vie débute lorsque tu acceptes la Parole de Dieu, Jésus-Christ. Ne crains pas les réalités, mais sans aucun doute ni indécision crois en lui, aie foi ; car en l'invoquant d'un cœur pur et sincère, Il te fera certainement miséricorde et te donnera le ticket de la vie qui t'a été réservé dès la création de toute chose. Le choix est entre tes mains. Il t'appartient de prendre la voie de la vérité. »

La jeune fille ferma les yeux sur la dernière phrase de cette lettre qui dépeignait assez clairement sa propre situation. En réalité, depuis sa prime enfance, elle n'avait réellement jamais vécu. Que de temps perdu dans la luxure, l'ébriété, le libertinage, la concupiscence, la cupidité ! Tout cela lui semblait utopique ; mais simultanément, la vie des Matong lui prouvait le caractère véridique et la force du renoncement à soi-même par l'abandon à Jésus-Christ.

Et si malgré sa maladie, ses erreurs du passé, sa mort imminente, ses blessures purulentes et incicatrisables, Jésus lui accordait véritablement la vie ? Elle pouvait tenter le coup, elle pouvait le mettre à l'épreuve. Toutefois, il lui fallait pour cela rester à Doumé auprès des Matong pour mieux le connaitre, au-travers de l'Esprit qui avait établi sa seigneurie au sein de cette famille. Malgré cela, elle avait encore peur et n'arrivait pas à se lever de son siège pour rejoindre l'extérieur, fuir la voie de mort que constituait le sorcier, pour la vie en l'amour et le pardon. C'est ainsi que quelques sept minutes plus tard, le bus plein à craquer vrombit en dégageant par son tuyau d'échappement raccommodé une épaisse fumée noire. Après avoir klaxonné à deux reprises pour signifier son départ, le vieil engin pourri pris la nationale à destination de Bertoua, sous un épais nuage de poussière.

Louis, la mine soucieuse, scrutait l'horizon, cherchant à jeter son regard le plus loin possible ; dans le but de voir réapparaître Nadine. Depuis une poignée d'heures déjà, il se tenait debout à la véranda de sa demeure, le cœur battant la chamade. Des personnages différents les uns des autres, alternant des hommes, femmes et enfants, montaient et descendaient la cime de la colline, derrière laquelle la jeune fille avait disparu, faisant varier le rythme cardiaque du quinquagénaire de façon irrégulière. De toute sa vie, le père Matong n'avait jamais craint autant pour le salut d'une âme ; jamais son cœur n'avait été aussi peiné à l'égard de son prochain. Abeng représentait pour lui cet être déçu par les réalités, cet enfant qu'on avait scandalisé dès sa prime jeunesse, abusant de son innocence et de sa beauté naissante. Dieu lui tendait désormais la main, souhaitant lui offrir l'opportunité d'être aimée avec démesure.

Cependant, cette grâce excellente restait soumise à son approbation. C'était à elle de faire le premier pas, de faire confiance à Dieu. Il lui appartenait, avant d'entrer dans la volonté de Dieu, de renoncer à tout ; à sa propre vie, à ses différents projets humains hypothétiques, afin de s'engager sur le chemin étroit et périlleux de la connaissance de Jésus-Christ. Tout ce qu'elle avait à faire était de revenir sur ses pas, retourner à cette famille en or que Dieu lui avait suscitée, cette-fois-ci avec confiance, sincérité et vérité. Mais le temps s'écoulait et elle n'arrivait toujours pas.

L'homme mûr de la cinquantaine regarda sa montre : il était treize heures. Du fait de sa connaissance des départs et arrivées de la gare routière, il savait que depuis des heures les derniers véhicules à destination de Bertoua étaient partis. Abeng avait dû voyager, car dans le cas contraire, elle serait déjà là. Avec le temps et la fatigue de la position debout prolongée pour quelqu'un de son âge, l'espérance de Louis de voir Nadine revenir commença à décroitre, laissant place à la déception et à la résignation. Une si belle âme ! Des larmes chaudes et remplies de tristesse perlaient sur les joues tapissées d'une barbe blanchâtre du sénile, dont le chagrin à ce moment était sans pareil.

Avec beaucoup de douleur, il se fit violence, et tourna les talons, recommandant le sort de la sudiste à Dieu. Par la suite, il se dirigea nonchalamment vers l'intérieur de la maison. C'est alors qu'il reconnut au loin la voix de Murielle qui criait son nom. Cette dernière, déboulant la colline avec empressement, semblait porter une bonne nouvelle. Lorsqu'elle fut à une centaine de mètres de son père, en même temps qu'elle essayait de retrouver son souffle, elle porta son doigt en direction de l'horizon, vers une forme frêle et maigrelette, enveloppée dans une belle robe Ecossaise, qui se déplaçait difficilement en boitillant : c'était Nadine.

Le cœur de Matong sembla exploser dans sa poitrine, en réponse à la joie incommensurable que produisit l'apparition de cette image familière. Sans plus attendre, réunissant ses dernières forces, il s'élança vers la jeune fille et l'étreint affectueusement, lui manifestant un amour qui fit frémir l'être tout entier de la jeune fille au bord de l'effondrement. Elle était revenue. Elle avait accepté de sacrifier son passé pour un futur meilleur ; elle avait décidé de faire le deuil de ses amis trompeurs à l'instar de l'argent, du sexe, de l'ivrognerie, de la drogue, pour la bénédiction qu'était la connaissance de Dieu au travers de sa Parole. Une merveilleuse expérience était sur le point de commencer, une existence intime avec son Créateur, qu'elle ne regretterait nullement.

Nadine, enveloppée sous les bras paternels de l'homme âgé, n'éprouvait désormais aucune crainte, sachant que tout recommençait. C'était le début de sa véritable vie. Elle avait eu dès sa prime enfance une existence vaine, obscurcie par la méchanceté et l'iniquité ; mais à présent Dieu, dans son grand amour lui proposait le bonheur. Il mettait devant elle un cadeau précieux, une oreille attentive, un œil souciant, une famille aimante qui la garderait, l'instruirait et la ferait croitre dans sa connaissance. Dès ce moment-ci, elle se sentait plus légère qu'une plume d'oiseau, libre comme le vent, son passé ayant pris son envol. Elle était maintenant impatiente d'entrer dans cet inconnu qui ne l'effrayait guère, mais plutôt la faisait pleurer à chaudes larmes.

Les bras tremblant d'émotions du père Matong étaient pleins d'amour ; et dans la chaleur qui environnait la jeune fille il n'y avait aucune condamnation, aucun jugement. La flamme en elle brûlant de mille feux lui disait de ne plus avoir honte, de ne plus se lamenter, ni s'en vouloir car tout était effacé. C'est alors qu'Abeng tressaillit et fut émue du plus profond de son être d'un sentiment nouveau, qui fit en sorte qu'elle ne voulut plus se défaire de Louis. Elle sût sur le coup que jamais plus elle n'aurait peur, ni ne douterai de l'amour ; car il s'était fait connaître à elle. Il était venu à elle, plus fort que celui qu'on apprenait dans les livres, plus intense que celui qu'on manifestait au bout des lèvres, plus passionné que celui qui était attisé par un intérêt quelconque. Cet amour-là était pur et sincère, plus pénétrant qu'une épée à double tranchant, comme celui de notre Père à tous dans les lieux élevés. Cette grâce excellente est au-dessus même de notre compréhension humaine limitée.

Chaque âme d'homme, chaque créature est un hymne d'un amour incommensurable et inégalable du Créateur de toute chose, un témoignage de sa puissance au-travers de leur perfection. Mais cette beauté ineffable, cet objet de tous les désirs, plongée dans les ténèbres de l'iniquité et de la mort du péché lui laisse sur le cœur l'expression d'une profonde tristesse. C'est la raison pour laquelle dans son souci profond de redonner la vie à cette beauté, à l'image de sa gloire, il a dépouillé sa propre Parole, par laquelle tout a été créée, afin que par ce sacrifice, nous retrouvions notre première nature et soyons délivrés des ténèbres pour la lumière en Jésus-Christ. Peu importe nos fautes, nos erreurs impardonnables des hommes, notre réputation, nos offenses et celles des autres à notre encontre, Jésus, l'Amour de Dieu manifesté en chair nous ouvre les bras pour notre joie et bonheur, à la seule condition que nous revenions vers Dieu le cœur brisé et contrit, prêt à lui laisser prendre l'entière direction de nos vies pour sa gloire.

Par la suite, Nadine commença à comprendre le but même de sa présence sur cette terre. Elle était entrée dans la raison même de son existence, elle avait reçu la clé qui ouvrait la porte de la vérité, de la marche dans la lumière. Abeng était réellement née de nouveau, envahie soudainement et progressivement de sentiments et de sensations qui la troublaient. C'était comme si la vingtaine d'années qu'elle trainait derrière elle était un wagon qui avait été désassemblé de la locomotive, n'ayant jamais existé, remplacé par des wagons tous neufs. L'adolescente se retrouvait à s'étonner devant les réactions nouvelles et les pensées qui germaient dans sa tête. Tout pour elle était à présent axé sur l'accomplissement de la volonté de Dieu et l'amour devant être manifesté aux autres.

De l'extérieur, c'était la même Nadine mais de l'intérieur tout avait changé : les ambitions, les projets, la mentalité, le comportement, le but. C'est ainsi que les actes commencèrent à suivre sa conversion. En une journée, son envie de drogue l'abandonna, sans qu'elle ne fasse le moindre effort, laissant place à une paix et une joie ineffable, associée à une vive soif de la vérité. Nadine ne s'arrêtait plus de lire les écritures, de poser les questions à Louis et à sa femme. Elle maintenait les évangélistes ambulants qu'elle pouvait rencontrer en chemin voulant connaitre Dieu et lui rendre l'amour qu'il lui donnait déjà à profusion.

Nadine appela Youssouf, le mari d'Aïssatou et lui dit toute la vérité. Elle avait tellement de chose à se faire pardonner, et compris que le contrepoids était qu'elle de son côté devait également libérer les esclaves de son passé, à l'instar de Roland, de ses parents, et de toutes les personnes hypocrites, intéressées qui s'étaient succédées dans sa vie. Elle s'était mise à prier pour eux, afin que Jésus leur fasse grâce de le connaitre, pour qu'un jour ils puissent se retrouver et partager la Parole de vie ensemble.

L'amour, la miséricorde, la compassion, bouillonnaient en elle, si bien que son bonheur et sa joie de vivre eurent bientôt le dessus sur sa maladie. Nadine ne se soucia plus de sa maladie débordée de joie et d'altruisme. Tellement, elle s'était focalisée sur les autres qu'elle était venue à oublier sa propre vulnérabilité. La femme qui déclarait être âgée de deux ans était enfin libre ; libre d'aimer, et de faire du bien durant le peu de temps qu'elle passerait sur cette terre.

Comme Abeng Nadine, nous avons également erré loin du chemin que Dieu a tracé spécialement pour nous, passant notre temps à acquérir les richesses de ce monde et à profiter des plaisirs qu'il offre. Aucune de nos entreprises terrestres ne pourra toutefois nous combler entièrement. Nous ne trouverons le véritable bonheur qu'en Jésus. Non seulement le Seigneur nous a promis d'alléger nos jougs sur cette terre, mais aussi de nous offrir une vie éternelle où la tristesse et la mort n'auront de plus de raison d'être. Quel que soit le degré de nos péchés, la grâce de Dieu peut le couvrir. La mort de son Fils unique est la preuve suprême de son amour pour l'humanité. N'hésitez donc pas à vous approcher de son trône pour avoir le pardon de vos péchés. Le Seigneur Jésus-Christ est prêt à effacer vos passés et vous offrir de nouvelles pages blanches pour écrire votre histoire.

I want morebooks!

Buy your books fast and straightforward online - at one of the world's fastest growing online book stores! Environmentally sound due to Print-on-Demand technologies.

Buy your books online at

www.get-morebooks.com

Achetez vos livres en ligne, vite et bien, sur l'une des librairies en ligne les plus performantes au monde!
En protégeant nos ressources et notre environnement grâce à l'impression à la demande.

La librairie en ligne pour acheter plus vite

www.morebooks.fr

OmniScriptum Marketing DEU GmbH
Heinrich-Böcking-Str. 6-8
D - 66121 Saarbrücken
Telefax: +49 681 93 81 567-9

info@omniscriptum.com
www.omniscriptum.com

www.ingramcontent.com/pod-product-compliance
Lightning Source LLC
Chambersburg PA
CBHW031639160426
43196CB00006B/483